畏怖する近代

社会学入門

左古輝人著

法政大学出版局

目　次

まえがき　vii

第 1 章　はじめに　社会学の生成 …………………………………… 1
1　近代化と産業化 …………………………………………………… 1
2　コントの見た19世紀 ……………………………………………… 3
3　恒常化する畏怖 …………………………………………………… 7

第 2 章　第一のフォーマット　主権国家 …………………………… 9
1　近代的主権国家の骨格と，それ以前 …………………………… 9
2　ウェストファリア体制 …………………………………………… 11
3　ウェストファリア体制と現代 …………………………………… 13
4　イギリス内乱とトマス・ホッブズ …………………………… 15
5　メイフラワー協約 ………………………………………………… 18

第 3 章　第二のフォーマット　産業資本制市場社会 ……………… 21
1　交換と市場 ………………………………………………………… 21
2　資本制 ……………………………………………………………… 23
3　産業革命 …………………………………………………………… 24
4　労働市場の形成 …………………………………………………… 26
5　階級意識の形成 …………………………………………………… 29

第 4 章　19世紀後半の主権国家 …………………………………… 33
1　再分配機構としての国家 ………………………………………… 33
2　軍事優先から民政拡大へ ………………………………………… 34
3　国民の国家 ………………………………………………………… 37
4　日本国民の創成 …………………………………………………… 41

第 5 章　群衆とその統制 ……………………………………………… 47
1　モルグ街の殺人 …………………………………………………… 47
2　群衆心理学 ………………………………………………………… 50

	3	PR業の創成と発展	53
	4	舞台演出	58
	5	群衆の変容　平均人，ダス・マン	61

第6章　大量生産システムの完成 — 65
1 誇示的消費 — 65
2 科学的管理法 — 67
3 フォーディズム — 69
4 生産から販売へ — 72
5 20世紀の産業化 — 74

第7章　二大フォーマットの内破　世界大戦前後 — 77
1 第一次世界大戦 — 77
2 世界大恐慌 — 80
3 主権国家の隘路 — 82
4 第二次世界大戦 — 83
5 戦後の主権国家 — 86

第8章　消費化 — 89
1 ナイロンストッキング — 89
2 消費化　市場社会の20世紀スキーム — 92
3 アメリカ的苦悩と消費化 — 95
4 消費化時代の人間 — 98

第9章　家庭と女性 — 101
1 主婦という人間類型 — 101
2 主婦の苦悩 — 104
3 性的機能の市場化 — 107
4 恋愛結婚 — 109
5 家族の崩壊？ — 112

第10章　消費化時代への問題提起 — 113
1 死の妙薬 — 113
2 化学物質を問題視する視点 — 115

	3 地球温暖化	120
	4 滅亡への合理的選択	122

第11章　情報化 … 125
    1　情報化が社会を変える？ … 125
    2　日常習慣の変容 … 129
    3　消費化した産業資本制市場社会の情報化 … 131

第12章　グローバル化 … 133
    1　市場社会の拡大と深化 … 133
    2　グローバル化のなかの主権国家 … 135
    3　武力紛争の変容 … 138
    4　グローバル化と群衆 … 140

第13章　リスク社会 … 145
    1　一つの体験から … 145
    2　危険（安全）のリスク化 … 148
    3　リスクを基軸にした民政管掌 … 150

第14章　現代の日本 … 153
    1　これまでの経過 … 153
    2　軍事と外交 … 157
    3　日本的経営とフリーター … 159
    4　循環型社会の陥穽 … 162
    5　その他の諸課題 … 164
    6　おわりに … 165

付　録　出来事としての社会　宋代の用例より … 167

  あとがき　177
  文献案内　179
  図版出典一覧　181

まえがき

　この本は，社会学に初めてふれる人々を主要な読者として想定した，一種の入門書である。

　ふつう，入門書というものは，その学科の発展のなかで重要な貢献をなしたビッグ・ネームと，そのテーマ，方法，学説の骨子を紹介するものだろう。しかし本書は少し違う。本書がもっとも力を注いだのは，〈社会学は，どのような事柄を，なぜ問題にしてきたのか〉の説明である。社会学者たちのテーマや方法，学説それ自体よりも，それらのよってきたる所以を，なるべくシンプルな論理と，なるべく深い歴史的射程のなかで解説するよう心がけた。こういうアプローチの入門書は，管見するかぎり，過去に類例がない。

　このアプローチをとったのは，まず，問題への共感が，方法や理論の的確な把握を可能にすると思われたからである。あらゆる方法や理論は，問題を解くために提案される。ならば，問題への理解を深めることこそが，結局は，社会学の理解のために最も効率的で，しかも最も確実な道なのである。

　それだけはない。問題に注目してみると，現代社会学の，一見するとほとんど無関係のように見える膨大なテーマ群，学説群が，じつは互いに深く関係していることが見えてくる。現代社会学は驚くほど多様で多岐にわたる。その全貌を要約するのは至難の業だ。その点，本書は，むろん完全にはほど遠いが，かなり効果的な要約を提供している。

　もう1点，本書が問題に注目するアプローチをとったのは，現代社会の抱える公共的諸課題に対する関心の深化に資するためである。つまり，本書は，じつは，社会学の初学者というよりも，はるかに幅広い読者を想定している。

　現実の公共的課題をめぐる議論は，その争点が先鋭化するほどに，課題自体の吟味は欠落しがちになる。むろんすべての議論は意義深いし，いかに暫定的なものであれ，課題解決は必要だ。しかし議論をとおして，課題自体への共通理解が促され，立場や主張の相違を超えた共感が生まれることも，やはり，ひとしく重要なのである。本書がそのために役立てば幸甚である。

第1章 はじめに 社会学の生成

ドーミエ「三等客車」

1 近代化と産業化

　社会学という学問は，19世紀前半のフランスとイギリスに生まれた。それ以来，近代化（modernization），産業化（industrialization）と呼ばれるプロセスが展開し，空間的に拡大するのに合わせてヨーロッパ全体へ，北米へ，東アジアへと波及した。そして20世紀後半以降，社会学は，事実上，世界中に共有されるようになった。

　この同時進行は，もちろん偶然ではない。社会学は何であるよりもまず，近代化と産業化，そしてそのなかに生きる人間について考察しようとする学なのだから。そして，こんにちに至るも社会学がまだ存続していることは，おそらく，近代化・産業化のプロセスとその影響が，まだ完全にはその全貌を現していないことを示唆している。

　近代化とは，人々の暮らしに起こった次のような諸変化の総称だ。人と人とのコミュニケーションの単位が，地縁（村落）関係や血縁（家族・親族）関係から，個人へと変化する。それとともに，個人がどのような集団に所属するかは生まれた時点で決定されるものではなく，個人が選択可能なものになる。また，人々のあいだの地位序列様式は，生得的で静的なかたちから，

獲得的で動的なかたちへと変化する。おのおのの集団は自足的に運営されるものではなくなり，他の集団と役割を分担し，相互依存的に運営されるものとなる。

　産業化は，近代化の経済的な側面を言い表す。価値ある財の生産が農産物中心から工業製品中心へと変化する。それとともに人々の暮らしは，自然に対する直接的な働きかけ（採集や漁労，耕作や牧畜）によって生計を立てるかたちから，労働力を売却して得た賃金を用いて生計を立てるかたちへと変化する。工業製品を大量生産する手法が発達するにつれて，人々の生活水準は総じて向上する。経済が貨幣によって統合されるにつれて，資本は巨大化し，さらに経済過程の全体を成長に向けて刺激する。

　19世紀以来こんにちにいたるまで，社会学を生み，育んできたのは，近代化・産業化に対する，人々の畏怖の感覚だったと言える。畏怖とは，対象に魅了されつつも気後れする，歓迎しつつも恐怖する，矛盾した感情のことだ。ソシオロジーという名の新しい学問を創始しようとした最初の人物は，オーギュスト・コント（1798-1857年）だったが，彼は1822年の処女論文『社会再組織に必要な科学的作業の計画』の冒頭に，近代化・産業化に対する畏怖の感覚を次のように表現している。

　　一つの社会組織が消滅し，もう一つの新しい社会組織が……形成されようとしている。文明の進行全般から見た時，これが現代の持つ基本的性格である。こうした事態と呼応して，性質の違った二つの動きが今日の社会を動揺させている。一つは組織破壊の動きであり，もう一つは組織再建の動きである。……先進諸国民が体験している大きな危機は，実に，この二つの正反対の動きが共存していることによる。[1]

社会の構造的な大転換が進行している。それは単に旧構造が，新構造に取って代わられてゆく単純なプロセスではない。このプロセスは，人々に様々な感情を引き起こし，人々を様々な行動に駆り立てる。

　新構造の側に立つ人々は，この大転換に魅了され，それを歓迎している。しかし彼らは，自らが求める新構造がどのような基本的性質を持っているか

---

[1] コント『世界の名著　36　コント　スペンサー』清水幾太郎監訳，中央公論新社，1970年，51頁。

さえ未だよく知らない。その行く末を適切に見通せるはずもない。

それに対して,旧構造の側に立つ人々は,この大転換に気後れし,それを恐怖している。彼らにとってこの大転換は最悪の誤りでしかない。しかし彼らは,どうすればこの大転換を阻止することができるかを知らない。行く末を見通せないという点では新構造側と同じだ。

これら二つの対極的な立場のあいだを,圧倒的多数の人々はどっちつかずに揺れ動いている。新構造に魅了されつつ気後れし,それを歓迎しつつ恐怖している。まさに畏怖している。コントが見据えようとした問題はここにあった。

2　コントの見た19世紀

コント自身は基本的な軸足を新構造側に置いている。この危機は新構造の展開によってしか乗り切れない,と。しかし,コントも気づいていたように,最も重要な問題は,新構造派が正しいか,旧構造派が正しいかにあるのではない。この大転換のなかで,またそれに伴う新旧イデオロギーの対立のなかで,多くの人が確かな生活指針を失い,途方に暮れていることが,最も重要な問題だ。

何が〈いいこと〉で何が〈いけないこと〉なのか,はっきりしない。いままで〈いい〉となんとなく信じてきた旧構造の論理を〈いけない〉と言う新構造派の人々がいる。そう言われると,いままで〈いい〉と信じていたことに大した根拠がなかったことに気づくのだが,かといって新構造が〈いいこと〉の明確な基準を与えてくれるわけでもない。旧構造の論理のほうが今までの習慣に適っている。

通常,私たちが大過なく人間関係を取り結びえているのはなぜだろうか。ジョージ・ハーバート・ミード（1863-1931年）によれば,それは,私たちが,〈一般化された他者 (generalized other)〉のイメージを心中に形成することができているためだ。〈一般化された他者〉とは,人が個々の生身の他者たちとのコミュニケーションを積み重ねてゆくうちに,頭のなかで生み出すことができる,〈総じて人とはこのようなものだ〉というイメージである。ふつ

う人が社会と呼んでいるものは，多くの場合，この〈一般化された他者〉のことだ。

　安定した人間関係にとって不可欠な，善悪や美醜といった基本的な諸規範は，〈一般化された他者〉の期待にほかならない。たとえば見知らぬ初対面の人に出会い，〈その人に嫌われたくない〉と望むとき，私たちは〈一般化された他者〉が〈いい〉とすることを行い，〈いけない〉とすることを避ける。〈一般化された他者〉は，とうぜん，どこまでも生身の他者とは一致しないから，実際の結果が思い通りにならないことも珍しくはない。その場合には，私たちはしばしば，〈一般化された他者〉を修整して次の出会いに臨む。

　他者と区別された自己の意識も，〈一般化された他者〉との関係で生成する。自己が生成するのは，たとえば〈一般化された他者〉の期待から外れた振る舞いの場面においてだろう。幼年期の子供が故意に両親を怒らせてみたり，思春期の青少年が教師に反発してみたりするのは，両親や教師の期待を主要な成分とする〈一般化された他者〉に背くことによって，自己に輪郭を与えるためだと言える。なるほど常識的な考え方が示すとおり，自己の欲求と社会の期待は相容れない。しかしそのような自己は社会との関係において生成するのである。[2]

　ここからコントが見出した彼の時代を捉え直してみると，次のように言える。構造的な大転換の時代，畏怖の時代，人々は〈一般化された他者〉の大規模な修整を迫られるが，間に合わない。そして，間に合わないままに更なる修整を次々に迫られる。結果，〈一般化された他者〉が全般的に脆弱化し，人々は安定した人間関係を築くことができなくなってしまう。

　しかしこれは19世紀前半フランスにおける構造転換だけに特有の事態ではなかった。コントも指摘したように，この事態は，より広範な歴史的文脈に生じた大転換，17世紀以降西ヨーロッパ全域に生じた近代化に淵源する。こんにち私たちの日々の経験が示すように，そのプロセスはまだ終わっていない。だから社会学もまだ終わっていない。終わる見通しも，差し当たりない。

---

[2] ミード『精神・自我・社会』稲葉・滝沢・中野訳，青木書店，2005年。

コントの社会学は，人間の精神と社会が三つの段階を踏んで発展することを説く，一種の歴史哲学だった。それによれば，人間精神は，神学的段階から形而上学的段階へ，そして実証的段階へと発展する。それにつれて人間社会は軍事的段階から法律的段階へ，そして産業的段階へと発展する。

　神学的・軍事的段階における人間社会は，生活の必要を満たすことと，外敵の脅威に備え，あるいは外敵を屈服させることに汲々としている。彼らの精神は迷信や呪術の虜であり，あらゆる現象を超自然的な人格（神や精霊）の仕業として理解する。これはコントにとっては，近代化以前の，いわゆる封建時代を意味する。

　形而上学的・法律的段階における人間は，合理的な知性を持ち，伝統的な迷信や，超自然的な人格の存在を否定する。しかしそれは，事実による裏付けのない抽象的な仮説に基づく推理によってのことだ。社会を，そのような空理空論を盾にした法律で統制しようとしても，現実から遊離しているため，人々はしたがおうとしない。これはコントにとっては，近代化の開幕とともに生成発展した17・18世紀の政治社会思想，そしてコントが執筆活動を行った時期（19世紀前半）までの不安定な状況を意味する。

　17・18世紀の政治社会思想の中核となったのは，いわゆる社会契約理論（social contract theory）である。その骨格を初めて体系立てて示し，後に大きな影響を与えたのはトマス・ホッブズ（1588-1679年）やジョン・ロック（1632-1704年）をはじめとする17世紀のイギリス人たちだった。コントが〈形而上学的〉というレッテルを貼って攻撃したのは，ホッブズやロックを継承し，独特な社会契約理論を提起した18世紀のフランス人，ジャン=ジャック・ルソー（1712-78年）だった。

　社会契約理論には，論者の数と同じだけ多様なヴァージョンがあるが，それでも共通するのは〈自由にして平等な人々が，自発的な合意によって社会を形成することができる〉という主張だ。つまり封建体制における諸理論のように，初めから人々のあいだに，命じる側と従う側，拘束する側と拘束される側といった，階層的で非対称な関係を想定するのではなく，元来誰からも拘束されず（自由な），能力に大差がない（平等な）状態にある人々であっても，広範に安定した協働関係を築きあげることができる，とするのが社会

契約理論の主張の基軸だ。

コントはこの社会契約理論を克服すべきものと見た。コントによれば，大革命以降のフランスの不安定な状況は，社会契約理論が封建的な旧構造を打破する力になっただけで，旧構造に取って代わるべき新構造を形成する力を持たないことを示している。ゆえに形而上学的・法律的段階を超えた次の段階，実証的・産業的段階へと歩を進めなければならない。

ここでコントの言う実証的段階の人間精神は，「事実自体によって示唆され確認される，全く実証的な種類の一般的観念や法則」[3] のみを真理と認める。つまり，形而上学的精神と異なり，抽象的な原理から事実を解釈するのではなく，事実の収集と整理から，限定的な範囲に妥当する法則性を導出する。

また，ここでコントの言う産業的段階の社会は，「自然を自分に都合のいいように作り変えるために自然に向かって働きかける」という人間の傾向を「集団的に発展させ，行動が最も有効になるようこの傾向を調整し，集中的に発揮させる」[4] ことを特徴とする。要するに，人々の生活に物的な豊かさをもたらすために，分業とその効率的な統合によって秩序づけられる社会である。新しい社会構造の主軸には，誰も実際には交わしたことのない社会契約などという空論よりも，誰もが自分で経験でき，誰もがその直接的な恩恵を実感できる分業こそふさわしい。国家よりも産業のほうが，〈自由にして平等〉な人々の協働を実現する制度として優れている。

19世紀前半の時点で，コントは産業化を，17世紀以来の近代化のもたらす危機を終息させる動向として有望視していた。これはコントだけに特異な判断ではない。社会学を生み出したのと同じ問題状況が同じ時期に生み出したもう一つの知的運動，社会主義も，産業化に同様の効能を見出していた。ロバート・オーウェン（1771-1858年）がそうだった。コントが一時私淑したアンリ・ド・サン゠シモン（1760-1825年）もそうだった。カール・マルクス（1818-83年）だって，近代化の最終的な行く末を，産業化の果てに見ようとしていたのだった。

---

3) コント，前掲書81頁。
4) コント，前掲書82頁。

3　恒常化する畏怖

　コントの提案以降こんにちに至るまでの，約200年の経過を振り返ってみると，なるほど産業化は，そのアクセルとして資本制を選ぶにせよ，それ以外の制度を選ぶにせよ，大々的に展開していったと言える。分業とその効率的な統合によって，同一品質の工業製品を安価かつ大量に生産する手法は，早くも20世紀初頭には極限にまで磨き上げられるに至った。この手法は20世紀をつうじて，政治体制の相違や文化の相違を超えて共有されるようになった。

　フランスのみならずこんにちの諸国家の多くは，未だに形而上学的な社会契約理論に自身の存立の究極的な根拠を置き続けているものの，社会契約のフィクショナルな性質をよく認識するようになった。その〈自由〉と〈平等〉の法的・政治的観念は，代表制・議会制，信託統治制などのクッションを幾重にもあてがわれ，ラディカルな解釈から遠ざけられるようになった。こんにち，いまだ近代化・産業化の過程を生きる私たちは，コントをはじめ19世紀の社会学者の貢献に，確実に，多くを負っているのである。

　しかしそれと同じくらいに，私たちは，コントの時点で信じることができたほどには，産業化に過大な信頼を寄せるわけにはいかないことにも気づいているだろう。産業化は，結果的には，人々の畏怖の感情を沈静化させるどころか，むしろ増幅する働きも持ってきたのだから。産業化そのものが，新たな課題を，次々に，私たちに突き付けている。

　19世紀後半から20世紀前半には，産業化の初期の主役，賃金労働者たちの生活状態が重大な課題となった。故郷を捨てて都市に入り，賃金労働者となった人々の多くは，近代化・産業化の約束とは裏腹に，生活資料に乏しく無知，不衛生かつ不安定な生活を強いられ，不満を募らせた。この課題は，以降，産業化へ向けてテイクオフする諸地域に，繰り返し現れ続けている。

　20世紀には，巨大化する産業が諸国家間の戦争のあり方を大きく変えた。二度に渡る世界大戦では，それまでにあり得なかったような破天荒な殺戮がおこなわれた。それに続く冷戦時代には，類としての人間を破滅させるほどの大量破壊兵器が準備されるに至った。この課題も未だ解かれてはいない。

冷戦の終結とともに全面核戦争の脅威は緩和されたが，近年における大量破壊兵器の拡散を見れば，課題はより解きにくくなっているとさえ言える。

　20世紀後半には，産業の成長が地球規模のエコシステムに課する負荷と，その負荷が人間に与える被害への人々の関心が，新たな局面に入った。以前の〈公害〉のように，被害が汚染源を中心として同心円状に広がる構図，その構図に準拠した補償や予防の制度の信頼性が疑問視されるようになった。たとえば，指摘されているフロンによるオゾン層破壊，炭酸ガスの大気中濃度が上昇することによる地球温暖化を考えてみよう。

　これら以外にも，近代化・産業化に伴って現れた新たな課題はたくさんある。数え上げればキリがない。そして社会学は，そのような課題の多様性に合わせて，労働，福祉，教育，医療，家族，宗教，地域集団，市民運動，社会階層，政治的決定プロセス，文化変容，マスメディア，ジェンダー，エスニシティーなどなど，多岐にわたるテーマを研究してきた。繰り返すが，この多様性をこえて社会学に共有されているのは，近代化・産業化に魅了されつつも気後れする，それを歓迎しつつも恐怖する，矛盾した感情，すなわち畏怖である。

第2章　第一のフォーマット　主権国家

ドラロシュ「クロムウェルとチャールズ一世」

1　近代的主権国家の骨格と，それ以前

　こんにち私たちにとって国家とは，まず，画定された領域（領土，領海，領空）と，数え上げることができる人数の人民（国民）を，実力の準備と行使によって排他的に統治する，一元的な権力（主権）機構を意味するだろう。

　たとえば現在の日本という国家は，約38万平方キロの領土（国土地理院調），約43万平方キロの領海（海上保安庁調），そして領土に領海を足したのと等しい面積の領空を持つ。約1億2600万人（総務省統計局調）から成る主権者国民が立法府に信託した権力を，約390万人の公務員（人事院調）から成る行政府が，一元的に執行しているとされる。

　しかし歴史を通じて国家がずっとこのようなものであり続けてきたわけではない。たとえば中世ヨーロッパに典型的に見られた身分制社団国家には，私たちの知るような領土も国民も，主権も存在しなかった。

　中世ヨーロッパの国家の頂点には君主（王）がいた。しかしその君主の権力は，貴族，職人組合，議会，村落共同体，宗教団体など様々な諸権力とのあいだに質的にはっきりした区別を持っていなかった。君主が，他の国家とのあいだに和戦をおこなう権利をはじめとする，いわゆる大権（prerogative）を持

っていたのは事実だ。しかしそのような大権を根拠にして具体的な行動を起こす場合でも，君主はその都度さまざまの権力者たちからの承認を，何らかのかたちで取り付けなければならないのが常だった。君主の権力は，政治的，経済的，軍事的に最強だった（あるいは最強とみなされた）のであって，それ以上でもそれ以下でもなかったのである。[5]

　君主たちは婚姻関係を通じて，遠く隔だった幾つもの地域に所領を持ったり，民族的背景を全く異にする複数の地域の王位を兼ねたりすることがめずらしくなかった。この点は，たとえば16世紀前半のスペイン王カルロス一世（神聖ローマ帝国皇帝カール五世）のケースを見ればよく分かる。

　カールは父方からゲルマン系，母方からスペイン系の血を受けたが，彼の出生地はドイツでもスペインでもなくその中間，フランス東部のブルゴーニュである。彼自身の母語はフランス語である。1516年，カールはスペインをはじめ，シチリア，ナポリ，及びスペイン領アメリカなどの諸王位を父母から継承した。さらに1519年からは神聖ローマ帝国皇帝をも兼ね，その域内の諸侯とオーストリアの最高権力者にもなった。

　臣従する側には〈二君にまみえず〉という理念が，いちおうあった。しかし，それを文字通りに実行する者などほとんどいなかっただろう。地政学的現実を見れば，お題目通りにゆかないのは明らかだった。たとえばライン川沿岸地方（現在の独仏国境付近）の諸侯は独仏両国王に仕え，ドーヴァー海峡沿岸のノルマンディー地方の諸侯は英仏両国王に仕えるのが普通だった。極端な場合，一人の貴族が同時に数十名の君主に仕えるようなことさえあった。[6]

　こんな具合だったから，中世ヨーロッパにとって，国家の領土，人民とは，君主の領地，領民にすぎなかった。あるいはせいぜい，それに加えて君主を最高権力者として承認する権力保有者たちが代表する母集団の土地と人員を意味するに過ぎなかったろう。しかも，諸団体は君主の大権行使を，現実には否認できたのだし，複数の君主に仕えることもできたのだから，国家の空間的な境界線を截然と画定することなどできようはずもない。国家が擁する

5）マックス・ウェーバー『支配の社会学Ⅱ』世良晃志郎訳，創文社，1962年，346-47頁。
6）ウェーバー，前掲書344頁。

人民を数え上げることに，たいした意味があるはずもない。

2　ウェストファリア体制

　このような国家から，私たちが知るような国家へと向かう趨勢がはっきりと現れたのは，17世紀ヨーロッパの〈全般的危機〉のなかでのことだった。ここで注目したいのは，この全般的危機を収拾する過程で生み出され，現代でも大きな影響力を持っている二つの指針，ウェストファリア条約（1648年）と，ホッブズが1651年に世に問うた『リヴァイアサン』だ。
　ウェストファリア条約は，三十年戦争（1618-48年）を終結させた多国間条約だ。[7] この条約に，領域，人民，不可侵の主権から成る近代国家の原型が定義された。
　中世のヨーロッパは，現実には，上に述べたような身分制社団国家群が慢性的な相克を繰り広げていたものの，ローマ・カソリック教会の権威の下，統一ヨーロッパの理念を，少なくとも理念としては，手放そうとしなかった。ところが16世紀，ローマ・カソリック諸国は，新たにヨーロッパ北部辺境で勢力を拡大したプロテスタント諸派との融和に失敗し，その結果，諸国家は凄惨な戦いを繰り返すこととなった。
　この宗教対立が17世紀前半，様々な権力保有者たちそれぞれの政治的，経済的な思惑と絡まり合いながら生み出したのが三十年戦争だった。この戦争は神聖ローマ帝国を主な舞台としたが，ヨーロッパのほぼ全域を巻き込み，終わりの見えない戦争となった。文字通り30年に及ぶ断続的な戦闘によって，ローマ・カソリックの権威を支柱とする統一ヨーロッパは，事実としてだけでなく理念としても，瓦解した。
　ゆえに，この戦争を終わらせるには，諸国家間の敵対関係の解消ではなく，敵対関係が解消不能であることを折り込み済みの与件とした上で，軍事行動の抑制を図る以外に道がなかった。ウェストファリア条約は，この認識の下，プロテスタント諸国家の独立（不可侵の主権）を認め，諸国間に休戦ライン

---

[7] 友清理士による優れた全文日本語訳がインターネットで閲覧できる。<http://www.h4.dion.ne.jp/~room4me/docs/westph.htm>

をはっきりと引き，人々の移動を休戦ライン内に制限することで，更なる軍事衝突を抑制することに主眼を置くこととなった。[8]

以降，ヨーロッパにおける国家間の外交というものは，統一ヨーロッパの基本理念を共にする，いわば話せば分かる者同士の関係ではなく，単に隣接していたり，利害関係を持っていたりするがために交渉しないわけにはいかない，きわめて厳しい意味での敵対関係と，力の均衡として理解されることとなった。平和とは，敵意のない状態ではなく，互いに敵意を抱きつつも，その意志を現実化しない状態を意味するようになった。これをウェストファリア体制と呼ぶ。

それからこんにちに至るまで，約350年にわたって，ウェストファリア体制は，国家とその外交関係の基本指針として繰り返し参照されてきた。もちろん，たとえば19世紀のナポレオン戦争や20世紀の二度に渡る世界大戦が身も蓋もない仕方で証しているように，力の均衡による相互不可侵が指針通りに実現したとは全く言えない。しかしそれでも，特に各時代の主導権を握った国々（18・19世紀のブリテン連合王国，20世紀のアメリカ合州国）が，この指針にそぐわない行動を率先して，あからさまにおこなうことは稀だったとは言えるし，大きな戦争の終結にあたっては，必ずウェストファリア体制の焼き直しがおこなわれてきた。ナポレオン戦争にとってのウィーン体制，第一次大戦にとってのヴェルサイユ体制，第二次世界大戦にとってのヤルタ＝ポツダム体制がそうである。

ウェストファリア体制は，同じ350年間，盛んに逆用されてもきた。ウェストファリア条約の法哲学上の主要な典拠となったと目されるヒューゴー・グロチウス（1583-1645年）の『戦争と平和の法』（1625年）が，国外所領の先占原則を定めた条項を明記していることからも分かるように，ウェストファリア体制は，自身が定義するところの国家に該当しない諸地域（つまり，領域，人民，主権から成らない諸地域）に対する軍事行動を合法化するために，大いに活用されたのである。[9]

---

8) 身分制社団国家とウェストファリア的国家のあいだを橋渡しする絶対主義国家については，アンソニー・ギデンズ『国民国家と暴力』松尾精文・小幡正敏訳，而立書房，1999年，102-07頁。
9) 横田喜三郎『国際法Ⅱ』有斐閣，1972年，98-99頁。太寿堂鼎『領土帰属の国際法』東信堂，1998年，17-76頁。

だからこそ，18・19世紀のいわゆる列強諸国は，南北アメリカを，アフリカを，アジアを，そしてオセアニアを合法的に侵略できた。もちろんこの合法性は侵略する側の勝手な言い分である。侵略される側にとってはたまったものではない。19世紀半ば以降，日本が懸命に近代国家の体裁を整えようとした最大の理由の一つはここにあると言える。要するに，自らをウェストファリア体制が定義する近代的主権国家へと仕立て上げ，一刻も早く自ら日本列島を〈先占〉しないことには，列強諸国によって合法的に〈先占〉されてしまう恐れがあったのである。

　この点，幕末期の思想家，横井小楠（1809-69年）の炯眼にはとりわけ驚かされる。まだ近代西欧の国家思想も，国際法の観念も断片的にしか伝えられていないなか，横井は『国是三論』（1860年）において，日本をヨーロッパの強国に伍する存在にすべく，徳川家を中心とする社団国家から，藩を解体し，天皇を頂点とする立憲君主国家へと転換することの必要性を主張すると同時に，諸国家を階層的にでなく，水平的に並立するものと捉え，対等な主権同士の相互利益を増進することの重要性を説いていた。[10]

3　ウェストファリア体制と現代

　ウェストファリア体制には，これまでにも何度か死亡診断書が書かれてきたが，こんにちでも二通の死亡診断書が書かれている。一通目は，排他的で一元的な国家主権の概念が，欧州連合のような，現在進行中の地域統合の現実にそぐわなくなっている，という観点から書かれている。

　元大西洋条約機構事務総長ハビエル・ソラナ（現欧州連合共通外交・安全保障政策上級代表）は，1998年ミュンスターで開催されたウェストファリア条約350周年シンポジウムで，「ヨーロッパの平和を保障するために（*Securing Peace in Europe*）」と題した演説をおこない，次のように指摘している。

　　もともとのウェストファリア条約は，人道主義と民主主義という二原理
　　と根本的に両立しない。

10）北野雄士「横井小楠と福澤諭吉——西洋的国際秩序に対する態度を巡って」，『大阪産業大学論集』人文科学編，97号，1999年3月．

ウェストファリア体制はいくつかの限界を持っている。一つには，その依拠する主権の原理が，諸国家の協調ではなく敵対を生み出し，統合ではなく排除を生み出していることである。[11]

このような批判の行き着く先は，まだほとんど明らかになってはいない。ウェストファリア的な国家主権の原理を超えて実現されるべき EU（Europe Union 欧州連合）の範囲がどこまでであり得るのかについては議論が絶えない。2004年，構成25カ国の首脳によって合意，調印された EU 憲法条約だが，05年，フランスとオランダでの国民投票では批准が否決されたことも記憶に新しい。EU 憲法は，大統領をはじめとする行政職の設置，欧州議会への立法権の付与などを規定しているが，EU 大統領や議会がじっさいにどの程度の権限を持ちうるかは，やってみないと分からない。

EU 市民権（Citizenship of the Union）が，域外に対してどれほど排他的なものとなるのか，開放されるとすればどのように開放されるかも，まだ分からない。ソラナらの主張にもかかわらず，EU がウェストファリア的な主権国家と規模こそ違え質的には大差のない，巨大主権国家になる可能性すらある。

ウェストファリア体制に対する，もう一通の死亡診断書は，大西洋を跨いだ向こう岸で，アメリカ人の手で書かれている。ウェストファリア的体制に敵対する〈ならず者国家（rogue states）〉や，非国家的な軍事主体（たとえば旧アフガニスタン政権に庇護されたアルカイダ・ネットワーク）に対処するにあたって，ウェストファリア的な，平等で神聖不可侵の国家主権の観念それ自体が大きな障害となっている，という観点からである。

アメリカ新世紀プロジェクトの研究員ロバート・ケーガンが，これを非常に明解に説明している。ケーガンによれば，欧州連合は，ウェストファリア以来の，諸国家間の厳しい敵対関係に終止符を打ち，イマニュエル・カントが『永久平和のために』（1795年）に描いた平和と繁栄の楽園を標榜している。これに対してアメリカは，「国際法……があてにならず，安全を保障し，自由の秩序を守り拡大するにはいまだに軍事力の維持と行使が不可欠な世

---

11) <http://www.nato.int/docu/speech/1998/s981112a.htm> にて全文が閲覧できる。

界」[12] を生きている。

　排他的で不可侵の国家主権概念を盾にする〈ならず者国家〉や，その庇護を受ける国際テロリスト・ネットワークを，いかにしてより安全な存在へと変容させるかが喫緊の課題だ。この課題を解くには，ウェストファリア条約以降の国際法が禁ずる先制攻撃をも，現実的な選択肢として活用すべきだ。

　この傾向の帰趨も予断を許さない。論理的に解きがたいねじれがあるからだ。ウェストファリア的な国際秩序に表面上順応しているかのようでありつつ，実際には順応していない諸国家が存在する――たとえばサダム・フセインのイラクのような――。これら諸国家を実際に国際秩序に組み込むことができる存在に仕立てあげるには，ウェストファリア的な体制からの踏み出しが必要になる。

4　イギリス内乱とトマス・ホッブズ

　イギリスでは伝統的に，王権はコモンロー（普通法）によって制限される，という観念が培われてきた。14・15世紀を通じて，王権はさらに議会制定法によっても制限されるようになった。つまりイギリスでは，身分制社団国家における権力諸関係を調整し安定させるのにきわめて有効な法的・政治的機構が整備されていた。

　それに加え，16世紀イギリス王権は，国王自ら最高首長に座するアングリカン・チャーチ（イギリス国教会）を設立し，カソリックとプロテスタントの双方から付かず離れずの距離を置く，折衷的で妥協的な宗教政策を成功させていた。そういうわけで，ブリテン島には，大陸におけるのとは異なり，新たな国家像や外交指針を探求すべき必然性はなかったと言える。

　にもかかわらず，そこに世界史上初の市民革命が成功し，また，その体制を基礎づける新たな国家論が生み出された。イギリス内乱（ピュリタン革命1642-51年）と，ホッブズの国家論である。

　17世紀初頭，上述のようなイギリスの法・政治慣行に不案内なジェイムズ

12）ケーガン『ネオコンの論理』山岡洋一訳，光文社，2003年，1-2頁。原題は *Power and Weakness*.

一世は，国王に即位（1603年）すると，次々に大権による新課税に乗り出した。これに反発した議会は1640年，大権によって成立させられた様々な法律や制度を上下両院とも満場一致で廃止し，三年議会法をもジェイムズに認めさせることに成功した。しかし，それに飽き足らない急進派は，官吏任免権および軍事権さえも国王から奪取すべきだと主張するにおよんだ。ここに国王と議会は決裂し，内戦へと突入した。

　この内戦のさなか，トマス・ホッブズは，どうすれば国内秩序の基礎となる主権を確立することができるかを，それまでになかった仕方で思考した。当時，大方の論者が〈主権は誰に帰属するか〉をめぐって論争していたのに対して，ホッブズは，〈誰に帰属するのであれ，そもそも主権はいかにして形成され得るか〉を問い，紆余曲折を経つつもこんにちまで継承されている答案の雛形を生み出した。

　田中浩の要約によれば，近代国家論の要件あるいは特質は次の二点にある。

　　国家すなわち政治社会を，自由にして平等な諸個人相互の同意＝契約から生まれたもの，と見なす点

そして

　　支配＝被支配という政治的関係をたんなる実力による支配ではなく，法の創造者である主権者を定立し，その主権者の定めた法に被支配者はもちろんのこと主権者自身も条件付けられるという合法的支配を要請する論理と結びつく[13]

点である。これらの要件，特質を十全に備えた初めての例が，ホッブズだった。

　ホッブズは人間を，欲望と虚栄心に振り回され，短絡的にしか行動できない，きわめて愚かしい生き物として描く。この内戦において，およそよく訓練，組織されているとは言いがたい軍事主体たちが，口先では忠誠だの自衛だのと立派なことを言いながら，実際には功名心や利己心に駆られ，略奪や無用の殺戮を繰り広げては，手痛いしっぺ返しを食う有り様を伝え聞いてのことであろう。

13）田中『ホッブズ研究序説』御茶の水書房，1982年，4-5頁。

人は，自分は他より優れていると考えたがる，虚栄心の虜だ。彼らは元来従うべき主人など持たず，〈自由〉だから，虚栄心のままに振る舞う。他を排してでも自分の欲望を最大限に満たすことができると考えたがる。しかしじっさいには，人が欲望を成就する能力には大差がない，つまり〈平等〉だ。このことに気づかないから，〈万人の万人に対する戦闘〉が避けがたくなる。自分の生存可能性を高めようとする利己的な努力が，結果的に万人に死を呼び寄せる。

　ホッブズによれば，こうした愚かしい〈自由にして平等〉な人々であっても，〈万人の万人に対する戦闘〉のもたらす死を予想し，それを恐怖する程度の知性を持ちうるならば，相互に同意して，自らの自然権——つまり他を殺す権利——を手放すことができる。主権とは，そこで手放された人々の自然権を一手に集めることによって形成される権力であると考えられる。

　このとき，誰の手に主権を委ねるかは格別の重要性を持たない。誰であろうと大差があろうはずがないからだ。君主だろうと貴族だろうと小作農だろうと，誰もが〈自由にして平等〉であり，かつ愚かなのだから。肝要なのは合意できることであり，合意が成ったら決して再び権力を分割しないことである。だから，ホッブズは王党派だったか議会派だったか，とか，民主主義者だったか専制主義者だったか，などと問うてもあまり意味がない。ホッブズはどちらでもあり，どちらでもなかった。[14]

　ただ，以上のような経緯からホッブズに最初期の体系的な表現を見ることとなった社会契約理論は，結果的には，幾つものヴァリエーションを生み出しながら，起こった市民革命を正当化するに止まらず，起こるべき市民革命を導くための精神的支柱としても機能することとなった。アメリカ独立革命（1775-83年）がトマス・ペインの『コモンセンス』（1776年）なしに起こり得たとは考えにくい。フランス大革命（1789-94年）がルソーの『社会契約論』（1762年）なしに起こり得たとも考えにくい。

　現代でも，社会契約理論の構えは，民主的な国家における主権の存立を説明するために大々的に用いられている。たとえば現行の日本国憲法前文は次

14）左古輝人『秩序問題の解明』法政大学出版局，1998年。上野修『精神の眼は論証そのもの』学樹書院，1999年。

のように始まる。

> 日本国民は，正当に選挙された国会における代表者を通じて行動し，……わが国全土にわたつて自由のもたらす恵沢を確保……することを決意し，ここに主権が国民に存することを宣言し，この憲法を確定する。そもそも国政は，国民の厳粛な信託によるものであつて，……その権力は国民の代表者がこれを行使……する。これは人類普遍の原理であり，この憲法は，かかる原理に基くものである。

この現行憲法においては，ホッブズ的なペシミズムは跡形もなく脱臭されている。ホッブズにおける〈合意〉は選挙による代表の選出へと変質している。契約以前と以後との対照も影を潜めている。〈自由〉と〈平等〉は法以前の状態ではなく，法によって保証される基本的人権へと変質している。主権の所在はホッブズとは正反対に，代表を選出する国民の側へと割り当てられ，代表者には主権の行使だけが残されている。しかし，分割されない，一元的で不可侵の主権の存立と行使を，人々の契約によって権威づける，社会契約理論のロジックの基軸はそっくりそのまま踏襲されている。

5　メイフラワー協約

　主権が存在しないところから始めて，主権の形成を語る社会契約理論は空想じみている，というか，コントが言い放ったように，じじつ空想物語である。誰も法以前の〈自由にして平等な諸個人〉だったことなどない。そのような状態から実際に〈合意〉を交わして国家を設立した経験などない。そもそもホッブズ自身にしても〈社会契約をおこなうべきだ〉と言いたかったのではなかった。ホッブズは〈どのような最高権力であれ，それがあたかも社会契約によって設立された主権であるかのように扱うべきだ〉と言いたかったのである。[15]

　しかし，この点，敢えて挙げれば，じつはきわめて特殊な事例が一つある。実際に社会契約を交わし，それに基づいて国家建設を進めたとみなせる実例

---

[15] 左古，同書第4章。

が存在するのである。ピルグリム・ファーザーズが交わしたメイフラワー協約と，彼らの入植したニューイングランド植民地である。これが後のアメリカ合州国に連なる。

　総勢41家族102名から成るピルグリム・ファーザーズの中核は，イギリスにおけるアングリカン体制から離反し，オランダへ亡命したコングリゲーショナリスト（独立会衆派。プロテスタントの一セクト）だった。故国における宗教対立を嫌い，オランダにおける亡命生活にも馴染むことがなかった彼らは，1620年，自らの信仰を実践できる場所を求め，大西洋を渡った。

　当初の計画では，彼らはイギリス王の特許状を携えて，ヴァージニア（現在のニューヨーク）に入植する予定だった。しかし船の故障や天候不順などからそれを断念せざるを得なくなり，現在のマサチューセッツ州プリマスに上陸することとなった。ここでさらに諍いが持ち上がった。計画と異なる，特許状に記されていない場所に上陸する以上，特許状の拘束力は無効である，と主張する者たちが現れたのである。この諍いを収拾し，入植後の彼ら自身の暮らしのために新たな約束が必要となった。かくしてメイフラワー協約が結ばれることとなった。

　　ヴァージニア北部初の植民地を建設せんとした我々一行は，厳粛に，互いに信約し，我々自身をよりよく統制し維持するために市民的な政治体（Civil Body Politic）を結ぶ。……そして植民地の一般的な利益に適合すると考えられる，平等で正義に適った諸法，法令，条例，憲法（約款），役職（offices）を漸次企画し，打ち建て，施行してゆく。我々はこれに全員が拘束され，服従することを約束する。紀元1620年11月11日……，
　　ケープコッドにてこの場に会した証しとして，我々は以下に署名する。

　〈万人の万人に対する戦闘〉というわけではないが，国王の権威が無効となり，第三者的なオブザーバーもいない船上での緊迫した諍いである。誰も逃れられない密室状況下で，その諍いを収め，自らを規律するために，彼らがおこなったのは，参加する全員が合意し，服従すべき法を定めることだった。彼らが最初の住民となったニューイングランド入植地では，統治体設立の約束が先立ち，現実の統治体はその約束に基づいて設立されたと言えるわ

けである。[16]

　この,ピルグリム・ファーザーズを原型とするアメリカ的精神が,その後のアメリカ合州国を方向づけていった。のちに述べるように,アメリカ的精神が深刻な危機を経験することとなるのは,19世紀末のことであった。

---

16) 佐藤俊樹『近代・組織・資本主義』ミネルヴァ書房,1993年。特に第2章「ゼクテの論理と近代社会」。

第3章　第二のフォーマット　産業資本制市場社会

産業革命をもたらした蒸気機関

1　交換と市場

　1990年代以降，日本の都市およびその近郊に生きる人々のあいだで，フリマ（フリーマーケットの略称）と呼ばれる活動が盛んになっている。おもだったものだけを数えても，毎週末に30件ほどが，公園をはじめとする公共施設などで開催されており，大きなものでは500店以上のにわか店舗が立ち並ぶ。主な出店者は商業を生業としない素人であり，家庭で不要になった衣料，食器，玩具，書籍などを廉価で売買している。

　さて，売る側に立つのであれ買う側に立つのであれ，このようなフリマに参加する人々のなかで，誰か損をするだろうか。もちろん現実には様々な不測の損失は起こり得る。雨に降られて品物が台無しになってしまったとか，主催者に支払った出店料を上回るだけの収入が得られなかったとか。しかし原理から考えてみると，フリマにおいては，参加するあらゆる人が利益を得る。参加する誰もが，自分にとって不要な（価値の低い）品物を差し出すことで，自分にとって有用な（価値の高い）品物を受け取るチャンスを得るのだから。

　フリマで品物を交換することで得られる利益は，参加者の異質性が高いほ

ど大きくなり，同質性が高いほどに小さくなる。参加者みなが同じ価値尺度の持ち主だとすると，利益は生じにくい。なぜならその場合，出店者が並べる品物は，客にとってもまったく魅力ないものだろうからだ。

　フリマでは，たとえば次のようなケースが理想的だろう。ある作家の三巻本の小説があるとする。出店者は第一巻だけを買ってみたものの途中で飽きてしまい，500円の値札をつけて店頭に置いた。客のなかに，この小説の第二・三巻を読んで気に入ったものの，第一巻が絶版になってしまい，入手をあきらめかけていた人がいるとする。この客にとって，第一巻を500円で買えるのは利益だ。出店者としても，自宅の本棚の一角が空いた上に500円を手にするのは利益だ。

　こうしたフリマは，市場における交換という営みの本質をよく表している。市場とは，要するに，参加する全ての人が，自分にとって価値の低い品物を，自分にとって価値の高い品物と交換するために参加する集会である。異質な者同士が，互いに〈自由にして平等〉でありながら，自発的に協働できることを示す一つの好例である。

　人類はかなり古くから交換の効能を知っていたと思われる。たとえば三内丸山遺跡（青森県。今から約5500年から4000年前の縄文時代日本の集落跡）からは，約500キロ離れた新潟県糸魚川市周辺でしか採れないヒスイが大量に出土している。これなどは交換の結果だろう。当時，これほどの距離を隔てた集落間で，略奪や強制的な徴収など，力の不均衡に基づく非互酬的な流通がおこなわれていたとは考えにくい。

　このような互酬的交換がさらに広域化し，参加者を増やし，恒常化してゆくにつれて，職能としての商業が生み出され，取引の結節点としての市場が，また，繁栄する市場としての都市が生み出されてゆく。規模や手法が異なるだけで，現代でも本質的には同じ市場の営みが地球上の随所で見られる。

　つまり互酬的な交換の営みや，交換に特化した場所としての市場は，時代や地域をさほど問わない，かなり普遍的な現象だ。しかし，市場というものはことさら近代化と関連づけて論じられることが多い。これにはわけがある。

　近代以前の社会では，人口の圧倒的多数は，自分の暮らしに必要な生活資料の大部分を，直接自然に働きかけることによって得ていた。たとえば畑を

耕し，魚介を捕って自分の暮らしを切り盛りしていた。市場と関係を持つのは，自分の必要を確保した上で余剰ぶんを売り，自分では作れない品物と交換するためだった。

　近代以前でも，都市を生活の場とする人々は，生活資料全般を市場から調達していた。人口の圧倒的多数が生み出す様々な余剰は，都市に集積され，そこで加工され，交換されていた。物資の交換を仲介して利ざやを得る商人，幾つかの種類の物資を組み合わせ，加工して新たな商品を作る職人など，職業の分化が進展し，農山漁村における自己完結的な暮らしとは異なる，相互依存的な暮らしが営まれていた。しかしそうした都市生活者は社会全体から見ればきわめて少数だった。

　これが近代，大きく変化した。人口の圧倒的多数が，生活資料の大部分を市場から調達するようになったのである。それだけではない。彼らは，産業資本制という新しい商品生産様式のなかで，自らの労働力を市場において売却し，雇主から賃金を得るようになっていった。すなわち，人々は経済生活の全てを市場へとゆだねてゆくことになったのである。

　消費市場への参加者が増大すると，労働市場における労働力への需要も増大する。労働力が供給され商品生産が増大すると，消費市場への参加者はさらに増大する。そのような相乗的なサイクルの果てに，現代，私たちは市場をまるで空気と同程度に当たり前な環境とするまでになった。現代社会は，まさしく市場社会である。[17]

2　資本制

　たとえば，いまあなたが5000円の資金を持っているとする。そして1日あたり5足の靴を生産する技能と道具をもつ職人でもあるとする。1足の靴を生産するための材料費が1000円，1足5000円で売却できるとすると，あなたは5000円の資金から2万円を得ることができるだろう。うち，5000円を明日の材料費，5000円を生活費とすると，1日あたりの利潤は1万円だ。

---

[17] カール・ポラニー『大転換』吉沢・野口・長尾・杉村訳，東洋経済新報社，1975年。間宮陽介『市場社会の思想史』中公新書，1999年。

この1万円を1年間蓄積すると，約350万円になるだろう。来年はこの350万円を用いて，たとえば高性能のミシンを買うことができるかもしれない。手縫いに比べて作業が遙かに楽に，早くなるぶん，1日あたりの生産量は，たとえば2倍になるかもしれない。そうなるとして，他の条件が不変だとすると，あなたの来年の利潤は約700万円になるだろう。

　資本制とは，利潤の限りない獲得を第一の目的とした経済制度のことだ。貨幣が元手として投資され，利潤とともに回収されたとき，貨幣は利潤を生みだす資本として用いられたことになる。何か特定の財を手に入れたり，消費したりするためにこの利潤を用いるのではなく，より多くの貨幣の獲得を目的として貨幣を用いる無限の利潤追求の制度が資本制だ。

　交換や市場と同様，再投資による利潤の無限増大サイクルも，それ自体としては，べつだん近代に特殊なものではない。利潤を蓄積するための手段（つまり貨幣制度）がある程度発達したところにならばどこにでも成立したはずだ。一般に都市というものが成長することができたのは，このような再投資の成功によるところが大きかっただろう。また，同じような条件下にある複数の経済主体のあいだにかなりの富の不均衡がみられることの原因の一つは，再投資の成否に求められるだろう。

　近代の資本制が，それ以前と比べてユニークなのは，再投資による利潤増大サイクルが，産業技術の発達によって格段にスピードアップしたこと，経営の主体が，地縁と血縁の紐帯で結び合った家政から，そうした紐帯に依存しない法人へと変化していったこと，そして，社会の大多数の人々の経済生活を市場へと組み込んでゆく力となったことにあると言える。

3　産業革命

　18世紀後半イギリスに，巨大な動力によって駆動される機械による，工業製品の大量生産が始まった。いわゆる産業革命である。産業革命をもたらした決定的に重要な要因は，蒸気機関という機械工学上の技術革新だったと言える。しかしそのような技術革新さえあれば，あとは自動的に産業革命が起こるというわけではない。資本がなければ工場は建設できないし，工場がで

きても従業員がいなければ生産はできない。製品ができても売却できなければ利益があがらない。

イギリスでは，17・18世紀を通じて，東インド会社を媒介した国際貿易と植民地経営が成功し，大きな利益がもたらされるようになっていた。蓄積された資本は，株式，保険，債券をはじめとする金融市場の発達を促し，資本を効率的に配分，循環させる諸制度が発展した。農業の技術革新が穀物の生産性を向上させ，多くの賃労働者予備軍（剰余労働力）が生み出された。そして，17世紀の二つの市民革命を経，18世紀初頭にはスコットランドとの合併を果たしたブリテン連合王国の国内政治は比較的安定していた。これらの条件が整っていたため，動力の技術革新が現実的な効果を持つことができたのだと言える。[18]

産業革命は，イギリスの自然条件にとって有利な工業分野ではなく，競合する他国に比べて明らかに不利な工業分野に起こった。よく知られているように，イギリスで最も早く機械化が図られ，成功したのは，綿織物工業だったのだ。インド産のキャラコ（手織の綿織物）が，東インド会社の手によってアフリカやアメリカのみならずイギリスにも持ち込まれ，その市場を席巻するなか，イギリスの綿織物職人たちは，インド産に対抗できる生産方法を模索した。インド産より安い価格で売っても利益を出すことができるよう，不熟練工でも，より短時間，より少ない労働力で，より大量に，綿糸と織物を生産できるよう，織機や紡績機，そしてそれらを駆動する動力源が改良されていったのだった。

イギリス産綿織物がインドへと輸出されるようになったのは19世紀初頭のことだった。両者の関係は，19世紀半ばまでには完全に逆転した。もちろん，かつて東インド会社に莫大な利益をもたらしたインドの綿紡績・織物の手工業は，文字通り壊滅した。

この綿工業の成功を筆頭に，機械化による大量生産の威力は，製鉄業，建設業へ，そしてイギリスの工業生産の全分野へと波及していった。結果，1710-40年まで0.3％，1740-80年までもやはり0.3％にすぎなかったイギリス経

---

[18] エリック・ホブズボーム『産業と帝国』浜林・神武・和田訳，未來社，1984年。

済の一人あたり産出額の年平均成長率は，1780-1800年まででは1.0％へと跳ね上がった。それ以降，19世紀をつうじて，好況不況の波はあったものの，イギリスにおける一人あたり年平均経済成長率は，1％を上回ることとなった。1860年代から90年代いっぱいまでは2％を超える成長があった。[19]

とは言え，世界全体における工業生産のシェアを見ると，意外なことが分かる。イギリスで産業革命が起こった18世紀半ばから19世紀半ばまでの100年間に渡り，他を大きく引き離して，世界工業生産の30％以上を担っていたのは，中国なのである。1830年の時点でさえ，イギリスの工業生産は中国のわずか3分の1にすぎなかった（中国29.8％，イギリス9.5％）。それどころではない。19世紀初頭に至るまで，中国の工業生産はヨーロッパ全体の合計にほぼ匹敵するか，それを上回ってさえいたのである。

イギリスと中国が世界工業生産におけるシェアで肩を並べるようになるのは，ようやく19世紀半ば（1860年に中国19.7％，イギリス19.9％）のことであり，その関係が完全に逆転するのは1900年（中国6.2％，イギリス18.5％）前後のことだった。しかもその時にはすでにアメリカ合州国が急激な産業化を遂げ，中国とイギリスを抜き去って，世界工業生産の23.6％を担っていた。[20]

18世紀後半から19世紀の世界における，イギリス経済の性質が先進的であったことは疑いなかろう。しかしイギリス経済は，必ずしも世界経済において支配的だったとは言えないのである。

4　労働市場の形成

市民革命以前の，生得的な階層序列に社会秩序の基礎を求める価値意識にとって，労働はそれ自体蔑まれるべき業だった。生産に手を汚すことなく，生活の必要に思い煩うことなく，物的豊富と閑暇のなかで，文物に親しみ，

---

[19] ピーター・マサイアス『改訂新版　最初の工業国家──イギリス経済史1700-1914年』小松芳喬監訳，日本評論社，1988年，18頁，266頁。

[20] ポール・ケネディ『大国の興亡──1500年から2000年までの経済の変遷と軍事闘争』鈴木主税訳，草思社，1988年，上巻，231頁。Paul Bairoch, "International Industrialization Levels from 1750 to 1980", *Journal of European Economic History*, vol.11, 1982, pp.269-333.

剣術を磨く貴族の生き方こそが，人間の最善のあり方である。

　こんな高貴な生とは無縁の，労働しないわけにはいかない圧倒的多数者たちは，せいぜい貴族を尊敬し，その指導に服するがよい。いわんや，決まった主人を持たず，自らの労働力以外に何も持たないがゆえに，それを市場で売却し，その対価を得る賃労働などというものは，もっとも嫌悪すべき，奴隷に特有の業である。[21]

　17・18世紀，〈自由にして平等〉な諸個人による社会形成の論理，つまり社会契約理論は，市民革命の拠り所となり，従前の階層的な社会秩序観を打ち破った。その影響はとうぜん労働をめぐる価値意識にも及んだ。代表的な例としては，ジョン・ロックが挙げられよう。ロックは，財の所有権の根拠を，その財に加えられる労働に求めた。

　　……人は誰でも自分自身の一身については所有権をもっている。……彼の身体の労働……はまさしく彼のものであるといってよい。そこで彼が自然……から取り出すものはなんでも，彼が自分の労働を混えたのであり，……それは彼の所有となるのである。[22]

所有権は，王族だろうと貴族だろうと，商人だろうと農民だろうと，人間なるものがあまねく持つ権利である。なぜなら人は誰でも「身体の労働」つまり労働力を所有しているからだ。

　ここで注目してもらいたいのは，労働力というものが，人格から一旦切り離され，人格によって所有される財として捉えられている点である。こうすることによってはじめて，他のあらゆる財と同様に，労働力をも，使用したり交換したりできる財として理解する道が開かれた。賃労働への道徳的抵抗は，かくして理論的に乗り越えられることとなった。

　なお，これに準じて重要なこととして，法人 (juristic person) に自然人 (natural person) と同様の権利能力を認めることができるようになったことがある。たとえば会社という組織そのものは，会社で働く従業員たちと違って身体を持たない。にもかかわらず会社（会社に属する誰か特定の個人ではな

---

[21] 今村仁司『近代の労働観』岩波新書，1998年。ハーシュマン『情念の政治経済学』佐々木毅・旦祐介訳，法政大学出版局，1985年。
[22] ロック『市民政府論』鵜飼信成訳，岩波文庫，1968年，32-33頁。

く）は契約の当事者として名を連ねたり，利益をあげて財産を所有したり，訴訟を起こしたり起こされたり，課税されたりできる。近代，このような法人が著しく発達したことは，身体と，それを所有する人格を，労働の概念によって分離したことと深く関わるのだろう。

　ロックによれば，万人が，〈自由にして平等〉なまま，労働によって十分な財を所有することは可能である。なぜなら

> 世界には……豊富な天然資源があり，それを消費する人は少なく，また他人に迷惑を与えても自分のために独占するといっても僅かなもので，とくに自分の用に供し得る範囲がその〔所有の〕限度である……とすれば，……所有権について争いのおこる余地はほとんどあり得ないだろう[23]

からである。労働力の適切な行使によって，財を適切に所有することこそが，〈自由にして平等〉な諸個人の自発的な服従を基礎とする新しい社会秩序における，人間の中心的な徳である。

　とはいえ，産業革命とともに労働市場が形成され，労働力が，どんどん成長してゆく工場群へと効率的に分配されたなどとは全く言えない。1776年，アダム・スミスが『諸国民の富』において証言したところによれば，議会立法によって，労働力の移動が強く阻害されていた。

> 同業組合法が労働の自由な流通のさまたげになっているのは，ヨーロッパのあらゆる地方に共通のことである。救貧法がそのさまたげになっているのは，……イングランドに固有のことである。……貧乏人は自分が所属する教区以外のどのようなところで……勤勉に働かされることさえもが困難だ……[24]。

　アダム・スミスは，最大の問題を，1662年の定住法に見ていた。定住法は，各教区に，貧困者を扶養する義務を負わせた。そのため，労働する意欲も能力もある失業者が居り，隣接教区へ行けば賃金を得ることができる状態にあるにもかかわらず，移動することができなかったのである。

> たがいにそう遠くへだたってない地方でも，労働の価格がきわめて不平

---

[23] ロック，同書36頁。〔　〕内引用者。
[24] スミス『諸国民の富』大内兵衛・松川七郎訳，岩波文庫，1959年，第1巻365-66頁。

等である……が，このことは，おそらくは貧乏人が証明書ももたずにある教区から他へかせぎにでかけて行くのを定住法がさまたげていることに起因するものであろう。[25]

イギリスに労働市場が創出されたと言えるのは，カール・ポラニーによれば1834年のこと，つまりどんなに短めに見積もっても，産業革命の開始から優に50年以上を経てからのことだった。定住法は1795年撤廃されたが，その同じ年のスピーナムランド法が事態をさらに悪化させることとなった。この法は，ポラニーの評によれば，「額面どおりに受けとれば，『生存権』が賃労働を完全に阻止する」[26]体の法だった。

スピーナムランド法は，賃金が法律で定められた家計所得の基準額に達しない限り，失業者だけでなく，雇用されている者にも不足分を補塡することをうたった。これは同年に前後する不況に対応した立法だったのだが，大都市で基準額を上回る賃金を得ている労働者ならともかく，そうでない地方，特にイングランド南部の労働者の多くは，当然，補塡による所得に惹きつけられた。雇主側も，これに頼って賃金を好きなだけ抑制することができた。次第に労働生産性は低下し，そのことが雇主側による賃金抑制に更なる口実を与えた。悪循環である。

1834年，この法はようやく撤廃され，イギリスの救貧制度はかなり徹底的に改訂された。結果，国法の枠組みとしては，労働市場が機能する条件がひとまず整うこととなった。

5 階級意識の形成

ここに市場は，人々にとって，日常とは異質な，時折冷やかしにゆく特別な場ではなくなった。市場は，かつてのように，都市の広場における賑やかな露店の集まりではなくなった。市場は，目には見えない，しかし日常生活の全域を規制する，社会一般の抽象的な形式となったのである。

経済生活の市場化は人々にとって，まさに畏怖の的だった。人々はその過

---

25) スミス，同書第1巻376頁。
26) ポラニー，前掲書108頁。

程に魅了されつつも，気後れしていた。それを歓迎しつつも，恐怖していた。一方で，労働の市場化は，人々により良い経済生活を求めて居住地や職業を変えることに道を開いたし，長い目で見れば，恐らくは生活水準の向上をもたらすこととなった。しかし同じ過程が，他方では，以前には存在した，地域や親密な人間関係に根ざした庇護に期待する道を閉ざしていった，つまり自分の労働力以外に頼るべきものを徐々に取り去っていったのだった。[27]

だから1830年代のイギリスにおける労働市場の生成は，階級としての労働者の生成と表裏一体だった。労働市場に参入した人々は，互いを無味乾燥な〈労働力〉とみなし合いはしなかったのである。他の階級とのあいだに同じ利害関係を持ち，他の階級とは異なる価値意識を共にする，一国の労働市場と同じだけの抽象的な広がりを持つ人間類型の観念としての労働者階級が，ここに形成される素地を得た。[28]

その中軸となったのは，チャーティスト（chartist 人民憲章主義）運動だった。人民憲章は，男子普通選挙権，一年議会，秘密投票，議員財産資格の撤廃，選挙区の平等，議員への歳費支給という6ヵ条から成った。彼らは人民憲章の議会承認を得ようと大々的な請願運動を展開した。人民憲章によって参政権を実質的に拡張し，それを足掛かりに労働時間の短縮，救貧法の改革，組合の合法化，大衆教育の拡大を図ろうとしていた。

人民憲章は，1839年から48年にかけて，三度にわたり議会に提出された。三度とも大差で否決されたが，人民憲章を支持する請願に署名した人の数は，第1回に約120万人，第2回に約320万人，そして第3回には約570万人に及んだ。当時イギリスの人口は多目に見積もって1800万人，成人製造業人口は500万人（署名者の大部分を成す）だから，この請願運動は文字通り労働者階級の運動，あるいは国民の運動としての広がりを持ったと言える。

しかしチャーティスト運動が一枚岩だったとはぜんぜん言えない。合法闘争を主張する者たちと暴力の行使を辞さない者たちのあいだの確執は最後まで解かれることがなかった。中央委員会の統制は弱く，サボタージュやデモ，

---

27) ポラニー，前掲書111頁。
28) マイケル・マン『ソーシャル・パワー——社会的な〈力〉の世界歴史』森本醇・君塚直隆訳，ＮＴＴ出版，2005年，下巻150-84頁。

ストライキ，蜂起の基本単位は，口頭で情報が伝わる範囲の小さなまとまり（家族，地域，同業組合）にあった。

　一元的で中央集権的な運動がおこなわれるには，口頭コミュニケーションに依存しない全国規模の通信手段と技術が存在し，実際に用いられ，信頼される必要があるが，19世紀前半のイギリスでそれが可能だったのは，労働者階級よりも中産階級においてだった。「チャーティスト運動によって最後に喚起されたのはプロレタリアの階級意識ではなく，ヨリ強固なブルジョアの階級意識だった」[29] この時期，大衆教育は立ち上げられたばかりで，労働者階級と中産階級のリテラシー（読み書き能力）には，まだ大きな落差があったのである。

---

29) マン，前掲書下巻171頁。

第4章　19世紀後半の主権国家

明治時代の小学校

1　再分配機構としての国家

　近代的主権国家の外枠，その概念上の骨格が形成された17・18世紀の経緯については第2章に概説した。この経緯があって，こんにち私たちにとって国家は，〈明確に区切られた境界線（領域）の内側に居住する人々（国民）が，排他的で一元的な権力（主権）に服している状態〉を意味するようになった。その権力の正統性の源泉は〈自由にして平等な人々による自発的な合意〉に求められるようになり，その権力の基本的な機能は国民の生命と財産の保護にあるとされるようになった。

　しかし，現代の国家の有りようをみればすぐに分かるように，国家の現実的な機能は国民の生命と財産の保護にとどまらない。現代の国家は国民から所得の一部を徴収し，それを国民自身に向けて再分配する機構としての性格を強く持っている。

　たとえば2006（平成18）年度の日本の場合，中央政府の一般歳出約46.4兆円のなかで，国民の生命と財産の保護に直接関係する国防（約4.8兆円）および警察，消防，海上保安（約5.6兆円）に関する支出が占める割合は，合計しても約22％にすぎない。最大の割合を占めるのは社会保障関係費（約

20.6兆円 44％）であり，以下，公共事業関係費（約7.2兆円 約16％），文教及び科学振興費（約5.3兆円 約11％）が続く。社会保障，公共事業，文教科学を合わせると一般歳出の70％を超える。

社会保障は，主に最低限の生活資料を得ることが困難な人々や，生活の安定が損なわれた人々に向けた所得再分配であると言える。公共事業は，主に地域間の富の不均衡を調整するための所得再分配であると言える。文教及び科学振興は，主に各世代内の教育機会の不均等を調整するための所得再分配であると言える。これら諸機構が実際に適切に働いているのかどうかについては議論が絶えない。しかし現代の国家が，このような理念に基づいて所得を再分配する機能を持っていること自体に異論はないだろう。

国家の軍事・警察的機能に対する，所得再分配機能の優位という傾向は，日本以外の国々にもみられる。中央政府と地方政府の機能分担の違いなどから一概に比較できないが，アメリカの連邦政府の場合，2005年度大統領予算教書によると次のようである。中央政府における，国債費を除く政策的経費約2兆ドルのうち，国防費の割合は約20％である。それに対して社会保障，公共事業，教育，科学振興を合計すると約50％である。こんにち世界的に突出した軍事超大国であるアメリカでさえも，所得再分配のための民政支出は，軍事支出の二倍以上にのぼるのだ。

2　軍事優先から民政拡大へ

常備軍という制度，つまり戦時だけでなく平時から，国家が，傭兵事業家に依存せずに兵士を雇い，定期的に賃金を支払って維持する軍事組織の制度が，ヨーロッパ諸国に採用されるようになったのは，17世紀後半，つまり三十年戦争の終結以降のことである。

三十年戦争の時点では，実際のほとんどの戦闘は傭兵同士のあいだで交わされていた。傭兵は営利事業として戦闘に参加するから，生命の危険を冒すことをとうぜん好まない。彼らは可能なばあい戦闘から離れて私掠もおこなう。君主や国王を頂点とする一元的で絶対的な命令系統など不可能だ。

常備軍の形成で先行したのは大陸の君主制諸国だった。ブルボン朝絶対王

制下のフランス常備軍は傭兵を基礎としていたものの，大革命直前には40万人規模の常備軍を抱えるまでに至っていた。それに次いでプロイセンも同様な性質を持つ10万人規模の常備軍を編成した。イギリスでは議会の強い抵抗があって難航したが，それでもフランスとの対抗関係上，1万5000人程度の兵力を常備することとなった。

特に18世紀，兵器の破壊力が増し，操作が複雑化するのに合わせて軍隊内の分業が進み，また膨大な人員と物資を明確な目標に向けて効果的に動かすことが必要となったことから，こうした常備軍組織は近代的な官僚制の先駆的な事例となった。

ウェーバーによれば，近代における官僚制組織の特質は次の五点にある。組織を成す諸団体，諸部署，またそのなかの職員たちが，①規則によって規定された権限を持たされる点。②職位階層制と審級制によって序列される点。③職務を文書の読み書きと保存に依存する点。④徹底した専門的訓練を施される点。⑤兼職が容認されなくなる点。[30]

このような指標群と照合してみると，18世紀の現実の各国常備軍は必ずしもきれいに適合しない側面を多く含んでいるのが分かる。将校はしばしば自分の隊の人事について，上級官吏の影響を受けない強い裁量権を持った。将校はその官職を，規則の規定によらず私的に売買できる場合があった。彼らは国家から俸給を受けながら，指揮下の予算の一部を合法的に着服できた。

しかし組織全体の動きを決定し，組織内諸団体の調整を司る役職（参謀）と，各団体，部署の指揮をとる役職（戦列将校）の分離が実行され，定着したのは18世紀の常備軍においてだった。組織内に統合され一貫した階級制度（将官，佐官，尉官，兵士）が定着したのも，やはり18世紀の常備軍においてだった。兵器や補給物資が標準化され，通信様式や兵器の操作手順が文書化（マニュアル化）されたのもこの時期である。つまり18世紀の常備軍は，ウェーバーが描く近代的官僚制が浸透するための条件をそなえた，最初期の大規模な事例だった。

こうした18世紀の常備軍は，現代におけるようにもっぱら他国との戦争だ

---

30) ウェーバー『支配の社会学Ⅰ』世良晃志郎訳，創文社，1960年，60-63頁。ウェーバーは近代的官僚制の特質を六つ挙げているが，第六は第四と重複するように思われる。

けに用いられるものではなかった。それは内政の最重要の現実的基盤だった。常備軍の銃口は，現体制を脅かしうる宗教勢力や貴族たちにも向けられていた。

　18世紀諸国家にとって軍事がいかに重要だったかを知るには，中央政府における軍事支出と民政支出のバランスを見るとよい。1790年時点で各国をみると，イギリスでは31：13，フランスでは27：21，プロイセンでは75：25，オーストリアでは62：21で，軒並み軍事支出が民政支出を大きく上回っているのが分かる。[31]

　ところが，19世紀，ナポレオン戦争が終結（1815年）してから第一次世界大戦が勃発（1914年）するまでの約100年間をみると，各国における軍事支出と民政支出のバランスが変化してゆくのが確認できる。総じて軍事支出と民政支出の差が縮小するか，逆転してゆくのである。1910年時点で各国をみると，イギリスでは40：47，フランスでは37：40，プロイセンでは52：40，オーストリアでは16：60である。

　この約100年間の経済成長とともに中央政府の予算規模自体が甚だしく大きくなっているのだから，〈19世紀をつうじて国家は以前より軍事を重視しなくなった〉とは全く言えない。しかしこの変化が物語っているのは，軍事力が一定の規模に達すると，あとは競合相手の軍事力や軍事行動に強く制約されるのに対して，民政支出にはそのような制約が掛かりにくいという事実だけではない。この間，国家が自身の管掌する分野を増やし，管掌する度合を深めていったという事実をも物語っている。

　19世紀から20世紀初頭の諸国家における民政支出の拡大において，とりわけ重視されたのは運輸基盤整備（道路，運河，鉄道），通信基盤整備（郵便，電信），大衆教育，そしてやや遅れて社会保障（軍人恩給，老齢・障害年金）だった。これらは，地縁と血縁を主要な紐帯として結び合っていた人々が，その狭い人間関係を振り切って，実際に近代社会の二大フォーマット——主権国家と産業資本制市場社会——の体制に組み込まれてゆくためのスキーム，現実的条件だったと言える。

　近代社会の二大フォーマットがたんに存在するだけでは，人々の実際の暮

---

[31]　マン，前掲書下巻20-21頁。

らしは変化しない。人々の生が実際にこのフォーマットに組み込まれるためには，国内諸地域間の物と人，情報の流れが拡大・加速することが必要だった。読み書きが普及し，人々の人生の早い時期における刷り込みが均質化されることが必要だった。そして経済的に不利な立場に置かれた人々に体系的な給付をおこなうことが必要だった。こんにち私たちが知っているような，再分配機構としての国家はここに一つの主要な起源を有している。

これらのスキーム群によってはじめて，人々は，遠く離れたところに生きる，見知らぬ他人たちとのあいだに，一体感を感じることができるようになるための基盤が整った。そのような基盤が肉づけされてゆくなかで，人々が国政と自分の生とのあいだの関係を想像できるようになった。職を変えたり，居住地を変えたりする際，以前ほどの抵抗感を感じずにすむようになった。こんにち私たちがそうであるように，である。

このプロセスは表面だけをみると，〈威圧的な軍事国家から柔和な福祉国家へ〉と見えやすい。しかし上に見たように，国家の所得再分配機能の拡張は〈近代社会の二大フォーマットの貫徹〉である。これによって人々の生はより広く，より深く二大フォーマットへと組み込まれてゆくこととなった。二大フォーマットに内属することなく生きることの可能性がやせ細ってゆくことに苦痛を感じる人々は，これを指して，国家へのケイジング（閉じこめ）と呼ぶ。

3　国民の国家

こんにちの国家には，生命と財産の保護，所得再分配に加えて，もう一つの大きな機能がある。人々の意識を〈国民〉（特に民族を単位とした）として均質化し，所属する国家に対する情緒的な反応（それは愛着でもあれば嫌悪でもあり得る）を引き出す観念的な機能である。[32]

こんにちの日本の国家にも，この機能はある。〈国民〉としての共有する

---

32) ベネディクト・アンダーソン『増補　想像の共同体――ナショナリズムの起源と流行』白石さや・白石隆訳，NTT出版，1997年。アーネスト・ゲルナー『民族とナショナリズム』加藤節監訳，岩波書店，2000年。エリック・ホブズボーム『ナショナリズムの歴史と現在』浜林・嶋田・庄司訳，大月書店，2001年。

性質の均質さや，国家への情緒的な思いなど自分には関係ない，と思っている人が圧倒的多数かもしれない。しかしそういう人々の大部分は，取り立てて意識することがないほどに，これを自明の事として受け取っているか，さもなければ〈国民〉の均質さや国家への情緒のあり方を理解したうえで，それを嫌悪しているだけではあるまいか。いずれにせよ，次のような経緯あっての現在なのだから，関係ないわけがない。

　まずは，近代化・産業化の過程が大々的に始まったばかりの頃，国家の第三の機能がまだ十全に働いていない頃の日本の様子について，柳田国男が述べることに傾聴しよう。

　　明治の社交は気の置ける異郷人と，明日からすぐにもともに働かねばならぬような社交であった。……
　　人が闘うつもりで集まって来た者などは一人もなく，しかも改まった気持ちはすでに町田舎にみなぎり，世の中はほとんど毎日の晴であった。[ママ]
　　それで出て行く人はみな緊張していた。[33)]

明治時代の人々は緊張していた。人，物，情報の流れが活性化するなか，暮らしの多くの場面を，気の置けない同郷人ではなく，「気の置ける異郷人」と共にするようになったためである。単に互いを警戒し合うばかりではなかったことが指摘されているのも興味深い。互いに対する好奇心，異なりを超えて通じあうことへの意欲が，異郷人たちをつないでいた。これも畏怖の時代の一側面である。

　そもそも，交わされるコミュニケーションの中身以前に，その中身を入れる容器としての言語すら共有することが難しかった時代である。明治以前，異郷人同士の意思疎通は，文書（ふつう漢文による）の読み書きに依存しており，したがって一握りの知的エリートにとってしか可能でなかった。水原明人によれば，

　　全国の各藩はそれぞれに割拠していて，お互いの交流が乏しかったため，一般の話しことばは地方独特の訛がはげしくて，同じ日本語でありながらことばがほとんど通じなかった。そのため，真偽のほどは疑わしいが，

---

33) 柳田『明治大正史　世相編』講談社学術文庫，1976年，下巻11-12頁。

九州と東北の武士が話し合うのに、これまた武家共通の教養であった謡曲の文句を使って会話をかわしたという挿話さえ残っている。[34]
全国規模のコミュニケーションをおこなっていたエリートたちでさえ、膝をつき合わせて意思疎通する際、互いに話していることが分からないほどの訛りがあった。彼らは何とか意思疎通するために、謡曲を用いて抑揚と語彙を揃えていた。

彼らの対面的なコミュニケーションがしばしば酒宴の場でおこなわれていたことを考えれば、謡曲はあるいは余興にすぎず、意思疎通のための不可欠の手だてではなかったかもしれない。しかしこのような逸話が残るほどに、意思疎通が容易でなかったことは確かだ。

学制が発布され、尋常小学校と師範学校が設立されたのは1872（明治5）年からのことだった。尋常小学校への就学率が全国平均で90％を超えたのは1902（明治35）年のことである。[35] つまり、いわゆる国語なるものが全国規模で再生産のサイクルに入ったと言えるのは、どんなに早く見積もっても1910-20年代のことである。現在は、そこから数えてようやく100年である。

尋常小学校で教えられた教科は幾度か変更されているが、1906（明治39）年の改正小学校令によると、修身、国語、算術、国史、地理、理科、図画、唱歌、そして体操だった。最初に修身が掲げられているのは、それが教育勅語（1890・明治23年発布）に唱われた学校教育の主旨を最も直接的に表現しているためだ。井上毅と元田永孚の起草による教育勅語は、忠孝（主人への忠義と両親への孝行）を中心とする儒教的な倫理を日本人の日本人らしさの核心と規定し、天皇をその倫理の守護者と位置づけている。

すでに少し触れたように、19世紀前半ヨーロッパの主権国家・産業資本制市場社会において、国民意識は、前近代的な階層構造を突き崩す動きのなかから生じてきた。明治期日本人の国民意識形成はこれとは幾分異なって、儒教倫理、つまりすでに消滅した武士という前近代的なエリートの階層序列的倫理観が、国民意識の形成のために転用された。

なぜか。理由はいろいろ考えられるだろうが、間違いなく最大の要因の一

---

34) 水原『江戸語・東京語・標準語』講談社現代新書、1994年、56頁。
35) 文部省編『学制百年史』帝国地方行政学会、1972年、195、198、321頁。

つだったと思われるのは，当時，日本人にとって自らを映す最も主要な鏡が，〈西洋人〉だったことである。〈日本人は西洋人と違って〇〇な特徴を持っている〉というスタイルで，日本人の国民意識は形成された。つまり全ての人間関係を水平的に捉え，成層的な関係すら，〈自由にして平等〉な個人同士による契約の論理で説明しようとする〈西洋人〉のイメージと対照しつつ，彼らは自らを，その逆として捉えようとした。そのなかで忠孝の儒教倫理が見いだされたのだろう。〈日本人は西洋人と違って，成層的な人間関係を血縁（親子関係）の延長線上で捉える〉と。

異郷人同士は，互いに対する好奇心という，偶然や個性に強く左右される要因に依存していては，円滑なコミュニケーションを安定的に営むのは難しい。話す言葉が通じることに加えて，互いに初対面でも最低限信用するに足る人間とみなし合うための情緒的な根拠が必要だ。尋常小学校の教育が供給した忠孝の倫理およびその守護者天皇のイメージは，当時そのようなものとして働いたと言える。

なお付言しておけば，明治期日本における国民皆教育制度の展開は，決してスムーズではなかった。1872（明治5）年学制発布の時点では，就学義務を課した上に，その費用を基本的に受益者負担とした。このことが大きな原因となって，各地で就学拒否の暴動や校舎の焼き討ちが頻発した。[36]

明治10年代前半には就学率が約40％で伸び悩み，また17年以降の経済不況は就学率の低下すら招いた。財源や学区の見直し，教育内容についての町村の決定権尊重，就学期間の短縮などが図られた結果，就学率は上昇に転ずるのだが，制度の普及が本格的な軌道に乗るのは，上に述べた教育勅語，およびそれに基づく小学校令改正（第二次小学校令）以降のことだ。

教育勅語には興味深い一節がある。学校教育の主旨と効用が説明されたあと，次のように述べられている。「是の如きは獨り朕が忠良の臣民たるのみならず又以て爾祖先の遺風を顕彰するに足らん」。子供を就学させることは，天皇に忠を尽くすことになるだけでなく，あなたのご先祖様を寿ぐことにもなる，そう述べられている。忠と孝の関係を逆転させた，ギリギリの説得で

---

36) 文部省『学制百二十年史』ぎょうせい，1992年，28頁。図は文部省編『学制百年史』，帝国地方行政学会，1972年，497頁より作成。

明治期の学齢児童就学率

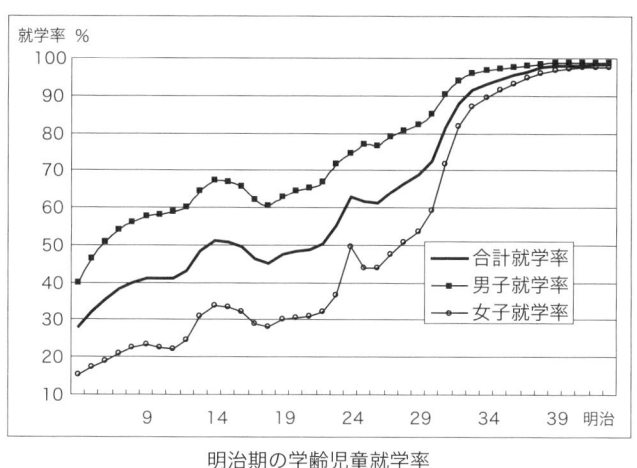

ある。このような説得を必要とする程度には，国民皆教育制の立ち上げは難事業だったのである。

4　日本国民の創成

　もう少し広く，徳川時代以来の日本人論全体を俯瞰してみよう。
　徳川期，日本人の日本人らしさのイメージを探求した最大の知的運動は国学だった。その日本人イメージは，〈中国人〉と比較してのそれであり，その流通範囲はエリートのなかにとどまっており，かつ，きわめて非政治的なものだった。
　たとえば本居宣長（1730-1801年）の古学思考は，徹頭徹尾，漢意（からごころ）との対比でできている。

> さて其道の意は，……古書どもをよく味ひみれば，今もいとよくしらるるを，世々のものしりびとどもの心も，……ただからぶみにのみ惑ひて，思ひとおもひ，いひといふことは，みな仏と漢との意にして，まことの道のこころをば，えさとらずなもある。[37]

---

[37] 有馬祐政・黒川真道編，井上哲次郎閲『国民道徳叢書』博文館，1911年，第1冊407頁。

神道神話のなかに表現される日本人らしい人倫のあり方は,『古事記』や『日本書紀』をよく読みさえすれば分かる。知識人は漢意（朱子学のような高度に抽象的で論理的, かつ体系的で普遍的な知識）に汚染されているので, 日本人らしい, 清々しい人倫のあり方を悟ることができない。日本人らしい人倫とは, 自分に内在するものであり, ひたすら感じ, おこなうべきものであって, 客観視したり知的に詮索したりすべきものではない。[38]

　これがアヘン戦争（1840-42年）を境にうまく働かなくなる。清朝がイギリスにあえなく敗退する有り様をまざまざと見せつけられた日本のエリートは, もはや〈中国人〉を主要な鏡とし続けることができなくなり, かつ, 国学的な非政治性に安住するわけにもいかなくなった。佐久間象山（1811-64年）は, アヘン戦争の終結の年, 次のように述べている。

　　外寇の義は国内の争乱とも相違仕, 事勢に依り候ては世界万国比類無之百代聯綿とおはしまし候皇統の御安危にも預り候……。生を此国に受け候ものは貴賤尊卑を限らず, 如何様とも憂慮仕るべき義と奉存候。[39]

清朝が, イギリスとのあいだに屈辱的な不平等条約を結ばされたのは, きわめて衝撃的な事件だった。同じことが日本にも起こり得る。状況はきわめて緊迫しているのであって, 武家であれ公家であれ, 農民であれ商人であれ,「生を此国に受け候もの」全員がこの難局に立ち向かわねばならない。

　近代日本における国民の創成は, 佐久間が「生を此国に受け候もの」と呼んだものを,〈中国人〉を鏡とせずに肉付けてゆく困難な過程だった。ゆえに, 明治初年代, 代表的な啓蒙家の一人だった福沢諭吉（1835-1901年）ですら, まだ〈中国人〉への依存から脱していないのは不思議なことではない。福沢は次のように述べている。

　　国体とは一種族の人民相集うて憂楽を共にし他国人に対して自他の別を作り自から互に視ること他国人を視るよりも厚くし……勉め一政府の下に居て自から支配し他の政府の制御を受くを好まず……独立する者を云ふなり西洋の語に「ナショナリチ」と名るもの是なり。[40]

---

[38] 加藤典洋『日本人の自画像』岩波書店, 2000年。酒井直樹『過去の声』以文社, 2002年。
[39] 佐久間象山, 松代藩主真田幸貫宛上書, 1842年。丸山眞男『忠誠と反逆』ちくま学芸文庫, 1998年, 144-45頁。強調引用者。
[40] 福沢『文明論之概略』時事新報社, 1875年, 30頁。

このくだりは，国家を成す単位として，〈西洋人〉が言うところの「ナショナリチ」を共有する「種族」を提起している。直接見知らない間柄であっても，言語，人種，歴史，宗旨などを共にしているという感覚から，互いに情緒的に結束することができる人間関係の範囲を，〈西洋人〉は国家の単位と考えている。

　一見すると，すでに日本人の鏡は〈西洋人〉になっているかのようだ。しかし，じつはこのくだりの前後に福沢が展開しているのは，〈中国人〉と日本人の比較論なのである。曰く，中国人が易姓革命を繰り返したのに対して日本人は天皇を保存した。前者が思想に乏しいのに対して後者はそれに富んでいる。前者が無事なのに対して後者は多事であるのに慣れており，変化があっても戸惑うことが少ない，など。つまりこのくだりが意味しているのは次のことなのだ。〈西洋人が「ナショナリチ」と呼んでいるのは，日本人が自分を中国人と対比した際に感じる異なりの意識のことである〉。

　しかし同じ時期に，〈自由にして平等〉な人間関係を尊重する〈西洋人〉のイメージと対照して日本人の特徴を捉えようとする動きも現れてくる。〈日本人は西洋人と違って，人間関係を上下で捉えようとする気風を特徴とする〉と。中村正直（1832-91年）は，次のように書いている。

　　人民は矢張り旧(もと)の人民なり奴隷根性の人民なり下に驕り上に媚る人民なり無学文盲の人民なり酒色を好む人民なり……天理を知らず職分を省りみざる人民なり……。[41]

このように中村が日本人を叱咤できることの背後には，〈西洋人〉イメージがある。この時点では，〈西洋人〉が模範とみなされ，日本人が劣位に置かれているのが看取できる。

　これが大きく変化するのは，明治新体制に対する反革命がもはや不可能であることが誰の眼にも明らかになった明治20年代からのことである。日本人のあいだに古くから継承され，保存されてきた国粋という肯定的な観念を提起したのは，志賀重昂（1863-1927年）をはじめとする，明治20年代以降の，いわゆる日本主義者たちだった。

---

[41] 中村「人民ノ性質ヲ改造スル説」，『明六雑誌』30号，1875年。

この日本主義者たちは，日本人を〈西洋人〉と比較して劣位に置く福沢や中村の語り口を批判した。しかし日本人の日本人らしさを語ろうとすると，彼らもやはり〈西洋人〉を鏡とするほかなかった。志賀によれば，日本人の日本人らしさは，切迫的でなく沈着であり，奇変を好まず正実であり，小説的でなく数学的であり，破壊的でなく修繕的であり，革命的でなく改革的であるところにある。[42]

　志賀の日本人論は，きわめて直感的，感覚的で，読み手次第でいかようにも解釈でき，誰でも一家言したくなるという意味で優れた比較論だ。この日本人語りのスタイルは，直後に三宅雪嶺の『真善美日本人』，『偽醜悪日本人』（どちらも1891・明治24年）という大ベストセラーを生み出した。その後ながく愛されることとなる〈日本人論の方程式〉[43] はここに確立されたと言えよう。

　明治末期，日露戦争（1904-05年）に勝利して以降，比較の鏡としての〈西洋人〉をも欠落させた日本人論があらわれる。芳賀矢一の『国民性十論』（1907年）は，日本人の国民性を，忠君愛国，祖先を崇び家名を重んず，現世的実際的，草木を愛し自然を喜ぶ，楽天洒楽，淡泊瀟洒，繊麗繊巧，清浄潔白，礼節作法，穏和寛恕とし，かつ，これらが古今東西全く類例がないと断じている。その，古今東西なるものの中身についてはとくに説明されない。

　同様に，大町桂月の『社会訓』（1903年）もやはり比較抜きに日本人の特徴を論じて，冒険の気象に富む，死を軽んず，恥を知る，義に勇む，君に忠なり，孝悌なり，潔癖なり，意志強し，物の哀れを知る，雅致に富む，としている。

　以上をまとめれば，次のように言える。〈中国人〉との比較から日本人なるものをアイデンティファイしようとする前＝近代的な営みを原型として，国民としての日本人の同一性を探求する営みは，〈西洋人〉の脅威に対するリアクションとして，幕末に本格的に始まった。明治初期，日本人は〈西洋人〉に対して劣る存在として自らをアイデンティファイした。そこで日本人の劣等性を証す根拠とされた，階層的な人間関係のあり方は，明治中期に反

---

42) 南博『日本人論　明治から今日まで』岩波書店，1994年，31-36頁。
43) 杉本良夫・ロス・マオア『日本人論の方程式』筑摩文庫，1995年。

転する。それは〈西洋人〉とは異なる，日本人の賞賛すべき特質とみなされるようになった。明治末期，日本人としての誇るべきアイデンティティは，比較の鏡なしにも自律的に存在するものとして論じられるようになった。その日本人らしさの中軸に据えられたのは，忠孝の儒教的倫理だった。

　この国民としての日本人自己表象の形成過程と，大日本帝国の拡張主義的な性向とは，おそらく無関係ではない。忠孝の儒教的倫理を中軸に据えた国民意識形成によって，20世紀前半の日本人は，元来比較の鏡だったはずの〈中国人〉，あるいは広く〈アジア人〉から，原理的にうまく区別することができなくなってしまったのである。それでも識別しようとするとき，儒教的倫理という同じ規矩のなかでの優劣——相違ではなく優劣——の観念が導入されたのだろう。[44] ようやくこの問題点が誰の目にも明らかなかたちで顕在化したのは盧溝橋事件（1937年）以降，蒋介石の国民党が日本を最終的に見限り，毛沢東および米英との連合を選びとってゆくなかでのことだった。至上のイデオロギーを共にするはずの〈中国人〉が日本人と決定的に敵対するというのは，全く想定外の事態だった。この遅すぎた気づき以降，日本人の国民意識は行くあてなく漂流してゆくこととなる。

---

44) 山室信一『思想課題としてのアジア』岩波書店，2001年，31-42頁。

第 5 章　群衆とその統制

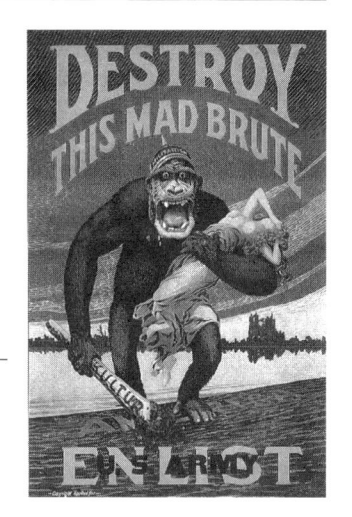

第一次大戦時のポスター

1　モルグ街の殺人

　推理小説は，こんにちたいへん人気を博している文芸ジャンルの一つである。それが，はじめて明確な形をとって現れたのは，19世紀半ばのことだった。ふつう最初の推理小説と目されるのは，エドガー・アラン・ポオ（1809-49年）の『モルグ街の殺人』（1841年）である。この作品には，現代にいたるまで踏襲されている推理小説の基本的な要素が不足なく揃っている。第三者のいない密室，そこに起こる不可解な事件，変わり者だが抜群の頭脳を持つ名探偵，そして常識人の助手。

　『モルグ街の殺人』は真夜中のパリのアパートで起こった密室母娘殺人事件の真相を，名探偵オーギュスト・デュパンとその助手（私。この物語のナレーター）が解明するという筋だ。レスパネー母娘はほとんど人付き合いをせず，所有するアパートの四階にひっそりと暮らしていた。どのような生業で暮らしているのか，近隣の者も知らない。この母娘が，体中を切り裂かれ，骨を砕かれて惨殺された。室内はめちゃめちゃに荒らされていたのに，金目のものは盗まれていない。多くの人が犯人らしき者の叫びを聞いたのに，それが何語だったのか，証言が食い違う。

犯行の残忍さと動機の不明さから，警察は混乱し，ある銀行員を拘束してしまう。この銀行員は事件前日にレスパネー家の依頼で口座から引き出した4000フランを届けたというだけで嫌疑を掛けられてしまったのだ。ここでデュパンが登場する。デュパンの捜査と名推理によって真犯人が判明する。それは，銀行員ではなく，あるフランス人水夫がボルネオから持ち帰ったオランウータンだった。

　現代の推理小説愛好者のなかには，この結末に釈然としない向きもあるだろう。オランウータンという，人間的な感情や意味の世界に外在する者の闖入によって謎が説明されてしまうことに，興ざめするかもしれない。しかしちょっと待ってほしい。

　まず，オランウータンのことは抜きにして，この物語の構造をよく見よう。この物語が成立するためには，窺い知れない密室というものと，通常の理解を超えた犯罪というものが，読者にとってリアルで興味をそそる対象である必要がある。この小説は，その意味で，当時の社会について重大なことを語っている。

　たとえば，蹴れば破れるような薄い板一枚で隣家と隔てられた生活を当たり前にしている人々を考えてみよう。彼らにとって，隣家で何が起こっているのかは分からないのではない。重々分かった上で知らんぷりすべきなのだ。そのような状況では，彼らは周囲の人々の行動に興味を持たないはずだ。敢えて興味を持つまでもなく分かり切っているのだから。この状況がひっくり返って，周囲の人々が何をしているのか基本的に窺い知れないこと（自分が何をしているのか周囲には分からないこと）が前提になってこそ，興味が沸いてくる。

　同様に，殺人などやらかすのは，貧乏人が生活の必要からか，男女間の痴情のもつれからか，さもなければ有力者同士の権力争いと相場が決まっている，と思える古典的状況を生きている人々のことを考えてみよう。彼らにとって，不可解な犯罪など興味の対象にはなり得ない。どんな犯罪だろうと手持ちの理解の範型に押し込んでしまえるのだから。逆に，犯罪の動機は基本的に窺い知れず，しばしば手持ちの理解の範型からこぼれ落ちてしまうという認識が前提となってこそ，その動機を詮索したくなるのである。現代，私

たちが毎日〈目立たない普通の人の意外な犯罪〉の情報に曝されているのは，私たちが推理小説を欲望することができる状況を生きているという事実と循環関係にあるのだ。

　こうしたこと全ては，『モルグ街の殺人』が書かれた19世紀半ばに現実の世界に起こっていたことだった。リチャード・セネットによれば，かつて，18世紀のパリやロンドンなどの大都市では，広場，公園，劇場といった空間が，都市を生きる人々にとって特別な意味を持っていた。それら公共空間は，見知らぬ者同士が，互いにどのような関係にあるのかを確かめ合い，意味づけ合おうとする人々の欲求が作り出したものだった。人々は互いに異質ではあっても，他者を理解しようとしていたし，自己を理解可能な存在として呈示しようと努めていた。つまり18世紀都市は，それ以前の〈筒抜け〉状態から，19世紀半ばのレスパネー母娘のような〈隔離〉状態までのちょうど中間にあって，過去の状態を代替する空間を作りだしていたのだと言える[45]。

　19世紀半ば，『モルグ街の殺人』において，ポオはレスパネー母娘のような閉じ籠もりを特別なこととして扱っていない。あらわれる主要人物はみな，他者の関心から逃れることに心を砕いているのである。オランウータンを持ち帰った水夫は，「近所の人からじろじろ見られるのが厭だった」としているし，デュパンとその助手も，自らの暮らしを説明して，「フォーブール・サン・ジェルマンの奥まった寂しいあたりにある，迷信のせいで長いあいだ打ち捨てられていた……，今にも倒れそうな，古びたグロテスクな邸」での「日常が世間の人に知られたならば，彼らはぼくたちを狂人……と思ったにちがいない」[46]としている。

　第3章に説明したように，産業革命以降，それまでは本質的に中産階級（商人と職人）の世界だった都市に，賃労働者という新たな住人が加わり，その数を増やしていった。安定した顧客とのやりとりから発する貨幣所得を背景に，文芸や科学に親しみ，洗練されたマナーを身につけた都市旧住民の眼には，新住民はあまりに異質な，無知で不潔で粗暴な存在と映っていた。そのような賃労働者が無視できない勢力として認識されるようになったのが，

---

45) セネット『公共性の喪失』北山克彦・高階悟訳，晶文社，1991年，99-131頁。
46) ポー「モルグ街の殺人」，丸谷才一訳『ホーソン　ポー』中央公論社，1994年，316，343頁。

チャーティスト運動にはっきりと見えるように，19世紀前半だった。レスパネーをはじめとする中産階級（彼らは小説の読者でもある）が，なぜ，また誰から，自らを〈隔離〉することを望んだのか，ここから説明できる。中産階級は，賃労働者から，その異質さへの耐え難さゆえに，自らの価値意識，生活様式を維持したいがゆえに，自らを周囲の視線から〈隔離〉したのだった。

　ここから振り返ってみると，この物語におけるオランウータンの性質はたいへん興味深い。デュパンは事件解明の要の部分で，助手に百科全書のオランウータンの項を読ませている。

> それは東インド諸島に棲む，大きな，黄褐色のオラン・ウータンについての，解剖学的で叙述的な，詳細を極めた記述であった。この哺乳動物の，巨大な体躯，異常な力と行動力，野蛮きわまる残忍さ，そして模倣的傾向は，すべての人によく知られているのである。[47]

無知，不潔，粗暴といったイメージを兼ね備え，人間によく似た異者として，中産階級の眼に映るオランウータンは，賃労働者と重なり合って見えていたはずだ。[48]

　オランウータンが犯人だったというのは，こう考えてみると決してがっかりすべき結末ではなかったことになるだろう。19世紀半ば時点の中産階級読者にとって，自らの価値意識を〈隔離〉したはずの密室でさえ，この闖入者を阻止できないことを宣告する物語の結末は，大いに衝撃的だったはずだ。

2　群衆心理学

　19世紀末，『モルグ街の殺人』から約50年後，産業化する都市における賃労働者の席巻は，群衆心理学という新しい学問領域を生み出した。もはや賃労働者という存在を，無視することも，排除することもかなわない。中産階級が彼らから自らを〈隔離〉しておくのも賢い選択ではない。ゆえに，賃労働者の存在を全面的に容認した上で，その性質を知り，その傾向を捉え，その統制のための技術を可能なかぎり開発すべきだ。群衆心理学の主眼はそこ

---

[47] ポー，同書399頁。
[48] 今村仁司『群衆――モンスターの誕生』ちくま新書，1996年。

にあった。

　群衆心理学の始祖としてこんにちまで名をとどめるギュスターヴ・ル・ボン（1841-1931年）は『群衆心理』（1895年）の序文に，次のように記している。

　　今日，群衆の要求は，ますますはっきりしてきた。そして，それは，ややもすれば現在の社会を徹底的に破壊して，文明の黎明以前のあらゆる人間集団の常態であった，あの原始共産主義へこの社会を引きもどそうとする。労働時間の制限，鉱山，鉄道，工場および土地の没収，生産物の均等な分配，……等々。これらが，その要求である。[49]

　対面的な人間関係から切り離され，需給関係によって価格が決まる労働力となった彼ら賃労働者は，互いに対して無関心な，バラバラで扱いやすい存在になるかと思いきや，そうはならなかった。彼らは階級という巨大なまとまりの単位を見いだし，階級として共にする利害の意識や価値の意識を抱き，結束し始めている。

　労働者階級・群衆の力はきわめて強大であって，その力は，産業化が進行すればするほどに増してゆくばかりだ。彼らが今後，社会のあらゆる局面における主導権を握ってゆくのは避けがたい。

　　群衆は，推理の能力こそほとんど持たないが，これに反し，行為にははなはだ適しているように見える。現在の社会組織が，彼等の力を巨大にさせる。われわれの眼前には生まれる教義は，……議論をゆるさぬ最高の専制力をじきに獲得してしまうであろう。群衆の神権が，王の神権にとってかわるのである。[50]

とはいえ，群衆の神権をただ手をこまねいて待つわけにもゆくまい。この「衝動的で，昂奮しやすく，推理する能力のないこと，判断力および批判精神を欠いていること，感情の誇張的であること」[51]を特徴とする労働者階級・群衆に，せめて勝手放題に暮らしを蹂躙されることがないように，護身術を持つべきだ。

　群衆の意見や行動を，好ましく方向付けるのに最も適切なのは，暴力がも

49）ル・ボン『群衆心理』櫻井成夫訳，講談社学術文庫，1993年，16頁。
50）ル・ボン，同書16-17頁。
51）ル・ボン，同書41頁。

たらす苦痛や，威嚇がもたらす恐怖ではない。証拠や推論による説得がもたらす理性的な認識でもない。彼らの感情に逆らわないよう，彼らが心地よく感じるよう，好ましい意見や行動への誘因を「断言と反覆と感染」[52]によって刻みつけること，これが最も効果的である。

　ある断言が群衆に信じられるか否かは，それが事実か否かや，理に適っているか否かによって決まるものではない。それが彼らにとって分かるか否か，心地よいか否かに懸かっている。心地よい断言を反覆して聞かされることによって，人はまるでそれが自分の意見であるかのように感じはじめる。そして，そう感じる人どうしがコミュニケーションを重ねてゆくうちに，その意見は群衆全体に感染し，群衆の意見の趨勢，いわゆる世論を形成してゆく。

　ル・ボンは慎ましく次のように述べている。

> 群衆を支配する——このことは，今日では非常に困難となった——というのではなく，せめてあまりにはなはだしく群衆に支配されまいと望む政治家の方便となるのが，群衆心理学の知識である。[53]

後世に対してこの本が与えたインパクトからすれば，あまりに慎ましすぎる表現のように響く。20世紀，この本は自由主義，共産主義，国家社会主義といったイデオロギーの相違を超えて読まれ，学ばれ，応用された。心地よい断言の技術は高度に洗練され，その専門職さえをも生み出した。効率的な反覆を可能にする複製の技術は，新聞，雑誌などの文字メディアから始まり，ラジオ，テレビなど各種の視聴覚メディアを生み出し，その内容は質，量ともに顕著に発達した。対面的な会話コミュニケーションを特徴としていたはずの感染の過程も，電話などに媒介され，断言・反覆の過程とシームレスに接合されるようになった。

　しかしル・ボンの慎ましさは，おそらく謙遜ではない。本音である。どんなに断言と反覆と感染によって方向付けたところで，群衆心理学およびその応用の有効性は限定的なものだ。群衆は気紛れだから，今日好んだものも明日は嫌いになっているかもしれない。記憶力も限られているので，余りに膨大な断言群に曝されると，それがどんなに印象深いメッセージでも忘れてし

---

52) ル・ボン，同書160頁。
53) ル・ボン，同書20-21頁。

まう。忍耐強くないので，ひどく繰り返されれば飽きてしまう。ちょうど現在の私たち自身がそうであるように。

3　PR業の創成と発展

　群衆心理学の組織的な応用が大規模に進展し，職業としてのPR（パブリック・リレーションズ）が形成される過程が最もはっきりと確認できるのは，20世紀前半，アメリカにおいてである。職業としてのPRとは，ある特定の価値だけに加担し，その実現のために〈断言，反覆，感染〉を用いるのではなく，誰であれ顧客の要求に応じて，群衆の意見や行動を方向付ける業のことである。その要求は企業のイメージアップかもしれない。商品の販売促進かもしれないし，大統領候補の演出，特定の国策への国民の動員かもしれない。とにかく何かに対して群衆の抱く感情を変化させる技術を売る職業である。

　スチュアート・ユーウェンによれば，アメリカにおいてPR業というものが生み出されるにあたって最も重要な役割を果たしたのは，没落してゆく中産階級だった。

　この人々は，独立自尊，質素清廉というコングリゲーショナリストの価値意識，つまりピルグリム以来のアメリカの基軸的な理念を最もよく受け継いだ，小規模自営の商人，職人，専門職，地主たちである。言わば〈アメリカ的精神〉の体現者たちである。南北戦争（1861-65年）後，産業資本と労働者階級が成長し，アメリカの産業構造を変えてゆくなか，この中産階級は苦境に立たされた。特に職人は巨大産業資本と賃労働者に，商人は全国チェーンの流通・販売業者に圧迫され，文字通りの貧困に陥る者も少なくなかった。そこまでゆかなかった者たちも，アメリカ的精神の代表・典型としての自らの立場が次第に失われてゆく傾向に不安を感じていた。[54]

　19世紀末，新聞と雑誌という印刷メディアが，中産階級のこのアモルフな不安に形を与えた。その紙面づくりに中心的な役割を果たしたのは，ヘンリ

---

[54] ユーウェン『PR！――世論操作の社会史』平野・左古・挾本訳，法政大学出版局，2003年，51-63頁。

ー・ジョージ（1839-97年），ヘンリー・D. ロイド（1847-1903年），エドワード・ベラミー（1850-98年）らを代表とする進歩派（progressives）ジャーナリストたちだった。彼ら進歩派は，当時進行中だったグレート・モノポリー，そのビジネスの横暴ぶりを厳しく糾弾すると同時に，産業化のもたらす様々の問題を，中産階級の伝統的な価値意識と矛盾しないかたちで克服する道を示そうとしていた。

こうした進歩派の記事を重要な売り物として，新聞・雑誌は発行部数を大きく伸ばし，スクリップス，ピュリッツァー，ハーストなどの全国ニュース・チェーンの形成に拍車をかけた。ユーウェンによれば，この時代，「病む社会のありさまを暴露することは，それ自体が儲かる産業へと進化した」。[55] それは，中産階級がもはや社会を動かす実質的な力を喪失したことの結果であり，一部原因でもあった。

世紀の変わり目，中産階級は新聞・雑誌を，アメリカ的精神と，それに対する脅威のイメージが魅力的にパッケージされた商品として買い求めるようになっていた。彼らは都市の街路や広場で，互いに意見を交わし合うために新聞・雑誌を広げる習慣を失っていた。彼らは自宅で新聞・雑誌を読み，自分の価値意識が代弁されていることを発見して安心し，全国に散在する読者たちが同じ記事に同じ魅力を認めていることを感じるだけで満足するようになっていたのである。互いに〈隔離〉されていながら一体感を感じる状況，現代にとっては自明的な生存状況が，ここに生成した。

職業としてのPRが生み出されたのは，この経緯の次の局面においてだった。要するに，全国一律に，進歩派的に味付けされた資本家叩きの同じニュースを，シャワーのように降り注がせるマスメディアの攻撃と，それに同調する中産階級読者に対して，叩かれる側の企業首脳たちが遅ればせながらの応戦を始めたのである。その際，必然的に，ジャーナリズムとは異なる価値観と手法が要請された。もっぱらその要請に応える職業として，PRはジャーナリズムから分化した。

だから当初，企業首脳たちがPR業者に仕事を依頼したのは，緊急の，厄

---

55) ユーウェン，同書74頁。

介な問題に対応しなければならない時だけだった。たとえば1906年，無煙炭七社経営者会議という団体が，駆け出しのPR業者アイヴィー・リー（1877-1934年）に依頼したのは，炭坑労働者のストが迫るなか，新聞に向けて経営者側の意志を代弁することだけだった。

4年前のストの際，労働組合が新聞と友好的な関係を築いたのに対して，経営者側は古典的な秘密主義を墨守していた。そのため組合にとって有利なニュースが流布されることとなった。この時と同じ失敗を繰り返さないために，七社会議はリーを雇い，その進言にしたがって次の声明を発した。

> 我々……は，炭坑採掘現場の現状にかんする民衆の関心を真剣に受け止め，公開可能なあらゆる情報を報道機関に提供することにした。経営者会議からの声明は，アイヴィー・リー氏を通じて新聞各紙に提供される。リー氏はまた，この件に関する取材にも応じることと……する。[56]

この態度変更は好評を博し，経営者たちはニュースのなかで以前より良い待遇を受けることができるようになった。

創成期におけるPR業の基本的な性質は，リーの他の仕事にも現れている。リーの最もよく知られた仕事は，ラドロー事件（1914年，ストライキ中のコロラド鉄鉱燃料会社の労働者14名が，テント村を襲った大火災によって命を落とした事件）の収拾にあたって，経営者側（ジョン・D. ロックフェラー・ジュニア）に雇われ，そのパブリシティを取り仕切ったことだった。この件について，連邦議会公聴会での証言を求められた際，リーは次のように述べている。

> 私が『事実』と言う場合，それは経営者側から見た事実のことです。私の役目は，事件を彼らにとって好ましいものにするための助言をすることでした。
>
> 事実を確かめるのは私の責任ではなく，それらを編集し，広報に最も都合よい形で出版すること以上の義務は，私にはありません。[57]

リーはこのプロフェッショナルとしての基本姿勢を貫きながら，アメリカ赤十字社，ペンシルヴェニア鉄道会社，ソヴィエト連邦政府，I. G. ファル

---

56) Ray E.Hiebert, "Ivy Lee and the Development of Press Relations", *Public Relations Journal*, 21, 1965, p.8ff. ユーウェン，同書99頁。
57) *New York Call*, Jan 28, 1915. ユーウェン，同書101-02頁。

ベン（ナチス・ドイツの国策化学会社）などのPRを手がけてゆくこととなった。

　こうした事実を知って快く思う人はあまり多くないだろう。しかしここで重要なのは，PR業を道義的に非難することではない。法律顧問や心理カウンセラー，税理士や投資顧問が，それぞれの専門知識を用いて，誰であれ顧客の利益の最大化に努めるのと同じことだ。20世紀にとってPRカウンセラーは，互いに〈隔離〉されていながら同じ情報を共有することによって成り立つ，きわめて抽象的な社会に生きる顧客が，その社会からの，場合によっては不条理でもあり得る攻撃に対抗できるよう，専門知識を用いるだけである。重要なのは，このような，職業としてのPRを必要とするところに，我々自身の社会の特徴の一端を見て取ることである。ル・ボンが予言していたとおり，我々の社会において「断言と反覆に対抗できるほど強力なものは，これまた断言と反覆があるのみ」[58]なのである。

　PR業が創成期の受動性から脱して，より能動的で積極的な役割を持つようになるまでに，さほど時間はかからなかった。ユーウェンによれば，その先駆的な例として，1907年，すでに社内にPRを専門とする部局を設立したアメリカ電信電話会社（AT&T社）がある。この部局は，社に対する攻撃に応戦することを超えて，攻撃を事前に察知し予防するための組織的な努力を始めていた。新聞・雑誌の記事や公文書，各地で配布されているチラシ，また進歩派と目される議員や大学教授，編集者などオピニオンリーダーたちの言動を全国規模で組織的に収集し，批判の芽を探知しようと努めていた。

　またAT&T社は，攻撃の予防をも超えた。自社に対して好ましい感情を抱いてもらうための努力も重ねていた。AT&T社による独占的な全国電話網サービスが顧客の利益になることを，美しいグラフィックと巧みなキャプションによって上品に伝えるよう新聞・雑誌広告を工夫したり，顧客と会社を結ぶ電話交換手に〈ユーザー・フレンドリーなインターフェイス〉として女性を採用したりなど，現代では当たり前なこととして定着している演出の定石のほとんどは，この時代に試行されていた。

---

[58] ル・ボン，同書161頁。

このように，PR はまず産業指導者に受け入れられ，初期の発展をみた。それが，続く1910年代後半，今度は国家指導者によって転用されてゆく。

1916年の選挙で，ウッドロウ・ウィルソン（1856-1924年）は，ヨーロッパにおける戦争（第一次世界大戦）に参戦しないことを公約に掲げてセオドア・ルーズヴェルト（1858-1919年）を破り，アメリカ大統領に再選された。その数ヵ月後，ウィルソンは公約をひるがえすこととなった。大西洋の向こう岸での戦争に乗り気にならない国民を動かすために，ウィルソンはウォルター・リップマン（1889-1974年）の勧告を受けて，CPI（連邦広報委員会 Committee on Public Information）を設立した。元進歩派ジャーナリスト，ジョージ・クリール（1876-1953年）を長官に迎えた CPI は，群衆心理学の知見を，空前の規模で組織的に応用し，国民・群衆の戦意発揚に取り組むこととなった。

そのために，それまで政府の仕事とはおよそ無縁の存在だった芸術家，知識人，デザイナー，イラストレーター，漫画家，ジャーナリスト，写真家，映画人など，マスコミュニケーションのあらゆる領域のエキスパートたちが動員された。それまで，政府広報といえば，ゆっくり最後まで読まなければ内容が分からないような文書が中心だった。もちろん戦争に批判的な人々のメッセージも，言葉による伝達に依存していた。CPI はそこに，色彩やデザイン，音声や動画によるドラマチックな演出の諸技法を持ち込んだのだった。

戦争に向けて国民・群衆の協力を取り付けるためには，反戦主義者を片っ端から投獄することなど必要ない。敵対者の繰り出す〈断言，反覆，感染〉を，質と量において凌駕すればよいのである。断言をより鮮烈に，より美しく，より分かりやすく演出し，国民・群衆が好んで接するマスメディアの諸チャンネルを用いて反覆すること。それによって国民・群衆に戦争協力の気分を感染させることができる。

第一次大戦が終結すると，CPI はあっけなく解散された。わずか２年足らずのことではあったが，この期間に CPI が育てた PR 技術の様々な苗は，第二次世界大戦や，それに前後する独立諸運動における各国の政府広報，反政府広報へ，あるいは戦後の商業広告へと移植され，そこで大きく成長することとなった。

4　舞台演出

　アイヴィー・リーは，自分が特定の顧客のPRを請け負っていることを隠さなかったし，その仕事があまりに時代を先取りしていたがゆえに，しばしば功を奏さなかった。そのため彼自身，ジャーナリズムからの攻撃の矢面に立たされ，「雇われ嘘つき」，「ポイゾン・アイヴィー（毒ツタ）」[59]の汚名を着せられることとなった。

　リーの経験から多くを学んだ現代のPRカウンセラーは，マスメディアに自分自身が露出することを周到に避ける。ちょうど上演中の舞台に監督や演出家が姿を見せないように。PRのこのスタイルの確立者と目されるのが，エドワード・バーネーズ（1891-1995年）である——この意味でリーよりもバーネーズのほうが〈PR業の父〉の名にふさわしい——。バーネーズ自身の証言によれば，彼はマスメディアに露出しないばかりか，マスメディアと直接の接触を持つことすらなしに，顧客の期待する結果をもたらすことができるPR技法を開発した。たとえば次のように。

　1920年代半ば，ベーコンを生産するある企業の依頼で，バーネーズはベーコンの販売促進に取り組むこととなった。ジュース，トースト，コーヒーといった軽い朝食が食習慣の流行となったこの時期，ベーコンは販売が落ち込んでいたのだった。ふつうの広告業者なら〈○○ブランドのベーコンはこんなに美味しい〉といった類の広告を散布するために，やっきになって新聞や雑誌の広告スペースを確保しようとするのだろうが，バーネーズは違った。

　彼はまず著名な医師の協力を得て，朝食は栄養満点なほうが好ましいと思うか，軽いほうが好ましいと思うか，医師仲間からアンケートを取った。結果は前者が後者を圧倒した。バーネーズはこの集計結果をパンフレットにまとめ，栄養満点の朝食の例としてベーコンと卵が好ましいことを付け加え，全米の約5000人の医師に配布した。このパンフレットに書かれた情報を，まずこの5000人の医師たちが口伝えで友人や患者たちに広め，その口伝えを新聞が取り上げ，全国に散布していった。医師たちも新聞記者たちも，自らの

---

[59]　ユーウェン，同書107頁。

行いがベーコン会社の広告になっているとは気づいていなかった。20世紀アメリカにおいて，ベーコン・エッグなるものが，典型的な朝食向け料理として普及したのは，バーネーズの作為あってのことだったのだ。

1930年代，書籍の販売促進を依頼された際には，バーネーズは住宅の建設業者や内装業者に働きかけ，高級感のある作りつけブックシェルフを勧めた。人々にとって住宅とは，自分の地位や豊かさを証すステイタスシンボルである。応接間にブックシェルフを予め作りつけることによって，そのシンボルとしての価値は増す。なぜならそれは，住人が，必要に応じて本棚を買い足してゆく程度で済むレベルの人間ではなく，広い教養と高い専門性を兼ね備えたインテリであることを暗示するからだ。もちろんブックシェルフがガラガラでは台無しだから，あとは放っておいても，住人が自発的に体裁を整える。いちばん効果的にシェルフを埋めるには，百科事典やら文学全集やらといったシリーズを一括購入することである。これは出版界の利益と合致する。[60]

これら二例から分かるように，リーと比較した場合，バーネーズのPR手法の特徴は，マスメディアとの直接の接触を持たないことに尽きるわけではない。少なくともあと三点を指摘しておくべきだろう。バーネーズの手法においては，第一に，直接の利害関係にない第三者の権威を，そうと気づかれることなく利用している。ベーコンと消費者を接続するのは医師という権威であり，書籍と消費者を接続するのは建築家という権威である。第二に，虚偽の影がない。医師たちが栄養満点の朝食を勧めたのも，ベーコン・エッグが栄養満点であることも，重厚な書籍の並ぶブックシェルフが住宅所有者の虚栄心を満足させることも，事実である。そして第三に，ターゲットの思考・行動習慣，つまり文化に対して総合的に働きかけている。人々のなかに深く刻まれていて変わりにくい習慣を基礎にして，その基礎的な習慣と矛盾しないよう，より楽しく，より心地よい新習慣を提案している。

この手法を縦横に駆使しながら，バーネーズはアメリカン・タバコ，GE社（ゼネラル・エレクトリック），ドッジ・モータース，P&G社（プロクタ

---

[60] Larry Tye, *The Father of Spin: Edward L. Bernays and the Birth of Public Relations*, Henry Holt & Co., 2001, pp.51-75.

ー・アンド・ギャンブル）などアメリカを代表する企業のPRを手がけていった。企業だけではない。カルヴィン・クーリッジ大統領（在任1923-29年，共和党），ハーバート・フーヴァー大統領（在任1929-33年，共和党），1941年ニューヨーク市長選でフィオレロ・ラガーディアに敗退した際のウィリアム・オドワイヤー（在任1946-50年，民主党），1940年代における連邦公衆衛生局（Public Health Service）の水道水フッ素化キャンペーンにも助言を与えている。

　バーネーズは誇らしげに言う。

　　少数者は，多数者に影響力を行使するための強力な手段を発見した。それによって，自分の望む方向に，新たに獲得した手段を動員して，大衆の心を操作することができる。プロパガンダは，目に見えない支配の武器である。[61]

しかし繰り返し強調しておくが，この支配や操作は万能ではない。支配され操作される側にとって心地よい——楽しい，格好良い，かわいい——限りにおいて機能するのである。

　PRは確かに絶大な威力を持っている。しかしそれを知って怯えるのはおかしなことだ。単純なことだ。気分が悪くなるまでベーコンを食べ続ける人は稀だし，味覚の満足よりも身体のスリムさを維持することを優先する人は大勢いる。自慢用品としての百科事典を何種類も，改訂されるたびに買う人などめったにいない。そんな見え透いた虚栄心はむしろ格好悪い。ノートパソコン一台で充分だ。フッ素入りの水道水が仮に健康に有害だという可能性が示唆されれば，人はより心地よい習慣を求めて，たとえばミネラルウォーターに惹きつけられることとなろう。どんなに高額の報酬を取るPRコンサルタントを雇おうと，政治家は失言一つでたちまち権力の座から引きずり降ろされる。言うまでもないだろうが，あるPRを失墜させるのは新たなPRである。

---

61) Edward Bernays, *Crystallizing Public Opinion*, Boni, 1923, p.19.

5　群衆の変容　平均人，ダス・マン

　19世紀末，ル・ボンが群衆心理学の応用対象として想定していた群衆とは，労働者階級のことだった。その群衆が，20世紀前半においては中産階級へと転移している。しかも単に転移し，量的に拡大しただけではない。性質もかなり変わった。19世紀の労働者階級・群衆は，他階級と対立しながら，工場を占拠し，街路に繰り出し，自らの政治的権利の拡張を求めるアクティブな人々だった。それに対して，20世紀の中産階級・群衆は，そうした直接行動とはほとんど無縁で，ジャーナリズムとPRが全国メディアを用いて頭上から散布する情報のシャワーを浴び，その刺激に対してパッシブに反応する人々だ。

　この変化はどのように起こったのだろうか。20世紀前半，群衆の変質にリアルタイムで気づいていた一人の著述家の証言に耳を傾けながら，その経緯をスケッチしておこう。

　オルテガ・イ・ガセット（1883-1955年）はその主著に，次のように述べている。

> 　大衆という言葉をただ単に「労働者大衆」だけをさすものだ……というふうには解さないでいただきたい。大衆とは「平均人」のことである。……すなわち，大衆とは……他人と異ならず，自分のうちに普遍的なタイプをくり返すだけの人間である。
> 　……大衆とは……自分に価値を見いだすことなく，自分を「すべての人」と同じだと感じ，しかもそのことに苦痛を感じないで，自分が他人と同じであることに喜びを感じるすべての人びとのことである。[62]

19世紀，群衆という言葉は，労働者階級のイメージと強く結びつくことによって，その時代の社会を特徴づける役割を持った。しかし20世紀前半の社会を特徴づける言葉としてはすでに不適格だ。

　ル・ボンが予告したとおり，賃労働者・群衆は産業化の進展とともに増加した。そして以前のように中産階級と明確に区別できる存在ではなくなった。

---

62) オルテガ『大衆の反逆』寺田和夫訳，中央公論新社，2002年，53-54頁。

まず，彼らは各国で漸次的に参政権と組合組織権を獲得し，自身の政治的要求を合法的に達成する手段を手にした。

労働者階級は中産階級と政治的に互角の存在になっただけではない。経済的にも，その差は不明瞭になっていった。経済成長が，分配される富の総量を増やし，彼らの生活水準を全般的に底上げした。大量生産は総じて商品の価格を下げ，以前ならば中産階級以上しか享受できなかったような豊富さや利便，安楽の恩恵を，今では労働者階級も受け取っている。

文化的な階級障壁も次第に取り払われていった。政府が提供する義務教育によって，国民全員が，様々な文化資源にアクセスするための基本的な技能，すなわちリテラシー（文字の読み書き）を修得できるようになった。加えて1920年代以降には各国で本格的なラジオ放送が始まり，リテラシーすら前提としない文化の領域が拡大した。

こうしたこと全ては，中産階級が自ら好んで布いた社会体制である。しかし，オルテガはこの事態に憤怒している。オルテガによれば，その結果現れたのは，高貴な使命感と賢慮に満ちた人々の理想社会ではなかったからである。それは，自分が周囲から浮いてしまうことを極度に怖れ，つねに人の顔色を窺い，非凡さを許容せず，あるいは自分が没個性的で代替可能な存在であることを恬として恥じない〈平均人〉の烏合，すなわち大衆社会になった。

> 彼らには「中身」が，つまり頑として他人のものとなることを拒否する譲渡不能な彼自身の精神が，取り消すことができない自我が欠如しているのである。……大衆はただ欲求のみを持っており，自分には権利だけがあると考え，義務を持っているなどとは考えもしない。[63]

大衆社会状況に対するこのタイプの憤怒や焦燥は，オルテガ固有のものではない。たとえば『有閑階級の理論』（1898年）におけるソースタイン・ヴェブレン（1857-1929年）が，上流階級における〈誇示的消費〉や，労働者階級によるその模倣を告発するとき——これについては次章に詳述する——，あるいは『存在と時間』（1927年）におけるマルティン・ハイデガー（1889-1976年）が〈ダス・マン〉の日常的なあり方を，克服されるべき〈非＝本来的〉

---

63) オルテガ，同書20頁。

な状態として描き出そうとするとき，オルテガと同じ思いが彼らを突き動かしているのが見て取れる。

　オルテガたちとこの憤怒を共にするか否かは読者に任せる。ただその判断の前に，本書の主旨に関連する限りで，誤解のないように三点だけ言い添えておく。

　第一に，このような感情，いわゆる大衆社会状況への憤怒は，20世紀以降の社会学を突き動かしてきた，唯一ではないにせよ主要な動力源だ。近代化・産業化の趨勢が人間の生存状況に与える影響を観察するのが社会学だが，自らその生存状況に埋没できている限り——つまり不満を感じず，憤らない限り——，客観化の契機を見いだすことはまず難しい。客観化がないことには観察など不可能だし不必要だ。

　第二に，そのような〈中身のない平均人〉であることをやめて憤怒する以外道がないとは言えない。〈中身のない平均人〉であっていけない法などない，と開き直ることは常に可能だし，そのように〈平均人〉などと決めつけられる側を少しでも立ち入って観察してみれば，その人々それぞれがどれだけ個性豊かで非凡かは分かる。彼ら怒れる学者たちは，ジャーナリズムとPRが供給する〈平均人〉のイメージと，生身の人々を区別できていないのではないか。この点，〈平均人〉のイメージを，日常のコミュニケーションのなかで有効に活用している生身の人々のほうが，一枚上手だとさえ言えるかもしれない。

　これらの二点は，くどいようだが，両立させなければ社会学にはならないだろう。コントにおいてそうだったように，近代化・産業化への怖れや憤りは社会学の大きな契機だが，自分もそれに魅了されてもいるという事実に目を塞いでは判断を誤る。

　第三に，社会についての知見は，社会にフィードバックされ，社会のあり方を変え得る。たとえば，天気予報ならば，その予報があろうとなかろうと，天気のあり方は変化しない。自然は，〈明日は雨〉と予報されたからといって〈それなら裏をかいて晴れにしてやろう〉などと行動を変えはしないのである。しかし選挙結果の予想ならどうだろうか。選挙民が，〈○○党の大勝〉という予想を聞かされた場合と，聞かされなかった場合では，選挙結果

が変わる可能性があるのは分かるだろう。これと同じように，社会が，たとえば〈中身のない平均人から成る大衆社会〉と診断されることは，社会にとって，そのあり方を変える契機となる。ただしその変化の方向がオルテガたちを満足させる方向かどうかは，選挙結果と同じくらい不透明である。

第6章　大量生産システムの完成

T型フォード

1　誇示的消費

　世紀の変わり目，ソースタイン・ヴェブレンはアメリカの都市を生きる人々のライフスタイルを，怒りと焦燥に震えながら非難していた。豊かとは言えないウィスコンシンの農村に生まれた移民二世として，ヴェブレンは当時の進歩派ジャーナリズムによる資本家攻撃を遙かに越え，中産階級をも含めた上流階級のきらびやかな浪費行動を告発した。返す刀で，そうした上流階級の暮らしに憧れ，その真似をする労働者階級をも切って捨てた。

　ヴェブレンによれば，富裕者たちが商品を購買するのは実用のためではなく，自らの社会的地位を，他者に向けて誇示するためである。これを誇示的消費（conspicuous consumption）と呼ぶ。彼らは好んで非実用的で高価な商品を買う。より廉価でより実用的な商品があるにもかかわらず，なぜそれを買わないのか。同類たちとの日々のコミュニケーションのなかで一歩抜きん出るように，尊敬と羨望をかちとるように，あるいは少なくとも軽蔑されないようにである。

　衣料，食品，住居から，生活用品，調度品，髪型に至るまで，全てがその人の社会的地位を表示する記号になっている。このような誇示的消費は，無

知蒙昧な未開時代における人間性向の残滓であって，産業化時代にあるまじき営みである。あろうことか，賃労働者階級でさえもこのような富裕者の暮らしに憧れ，ジェントルマン風の瀟洒な身なりを好み，誇らしげに街を闊歩している。これでは勤勉で清廉な人々がいくら実用的で廉価な商品の生産に励んだところで，報われることはないだろう。[64]

ヴェブレンは実業家でもジャーナリストでもなく，経済学者だから，彼の業績を，もっぱら彼の生い立ちにひきつけて解釈するのは適切ではない。しかしここまでの議論を理解した人には，次のように説明するのが効果的だろう。

ヴェブレンが故郷を去って，自分の能力をより広く人々のために役立てようと決心することができた一つの理由は，アメリカ中産階級の価値意識に賭けたことにあったはずだ。中産階級は産業化の理念を，独立自尊，勤勉で清廉な人々の，慎ましくも安定した暮らしの実現においていた。進歩派ジャーナリズムもこの理念に足場を置いてこそ，独占資本が富を一手に集め，人々の生活を混乱させていることを攻撃できている。この産業化構想は郷里の農民たちの暮らしの安定にも当然資するはずだ。

なのに，実際の中産階級は，虚栄心を満足させるために外見で自らをアメリカ的精神の代表らしく取り繕っているだけで，誰もこの理想の実現に向けて本気で努力してはいなかった。彼らはマスメディアによってつながり，言葉を交わすことすらなく，その理念や義憤を〈密室〉で消費することに慰撫を見いだしていた。登った梯子を外されるようにして，ヴェブレンは世紀の変わり目に孤高の告発をおこなったと見える。

ヴェブレンの懸念は杞憂に終わったのだろうか。ヴェブレンから100年以上を隔てた現代，少なくとも確かなのは，生産における勤勉さと消費における虚飾性が，彼が主張したようには対立し続けなかったということである。両者は，まるで車の両輪のように互いを前提とし，互いを刺激し合いながら20世紀を作っていった。誇示的に消費される商品が，誰の手にも届くよう大量生産されたこと，これが20世紀の偉大さの一側面であり，その偉大さに匹

---

[64] ヴェブレン『有閑階級の理論』高哲男訳，ちくま学芸文庫，1998年。

敵するだけ滑稽な一側面である。

2　科学的管理法

　産業革命以降の大量生産技術が極限的な洗練に達し，次の段階に踏み出していったのは，20世紀初頭，アメリカにおいてのことだった。
　フレデリック・テーラー（1856-1915年）は様々な作業現場の観察をつうじて，〈高い賃金と低い工費〉という，一見すると両立し得ない二つの要求を同時に満たすことのできる企業経営の可能性を模索していた。経営者の利益は従業員の不利益，労働者の利益は経営者の不利益であると考えるのが当時の通説だったが，テーラーは双方にとって利益になる生産様式の，彼なりの成案を得，『科学的経営の指針』（1911年）に一つの結論を提示した。
　工業生産は，従業員を増やさず，一人あたりの労働時間を伸ばさず，また極限的には単位時間あたりの労働量を増やすことすらなく，増大し得る。この生産性向上の結果増大する富を，従業員と経営者，そして消費者に分配できれば，利益が利益を生むサイクルを確立することができる。
　ポイントは生産にかかる作業工程をよく観察し，従業員の動作を可能な限り細かく項目化した表をつくり，それぞれの動作にかかる時間を計測することだ。そうすると，無駄な動作を省き，一動作あたりの所要時間を計画的に短縮させることができる。たとえば最も単純な例として，ショベルを用いて土砂を移動させる作業は，次のように捉える。

　　　ショベルの仕事について考えるべき要素は
　　　　S＝ショベルに入れて投げるためにのびあがる時間
　　　　T＝ショベルの一投げに要する時間
　　　　W＝ショベルですくったまま1フィート歩く時間
　　　$W1$＝空のショベルをもって1フィート戻る時間
　　　　L＝1ショベルの荷（立方フィート）
　　　　P＝休およびやむをえぬおくれの1日に対する割合
　　　　T＝1立方ヤードをショベルですくうに要する時間
　　　そこで……土をはこぶ場合の公式は

$$T = \{S+T+(W+W1)*運んだ距離\}*27/L*(1+P)^{65)}$$

Tを短縮し，1日あたりの生産量を増やすには，S，T，W，W1の各作業を見直し，各々にかかる時間を短縮することである。もちろん，それだけだと，従業員の単位時間あたり労働量は増えてしまう。労働量が増えたぶん，賃金も増やせば従業員の不満はかなり抑制できるだろうが，たとえばシャベルの形状を変える（柄の長さを変える，土の乗る面積を変える）ことによって，あるいは作業場の配置を変える（歩く距離を短縮する）ことによって，労働量の増大を防ぐこともできる。

このようにして生産が増えても，買い手の数が増えるわけではないから，結局多くの失業者が出るのではないかと心配するかもしれない。

> しかしながら……値段が安くなると，すぐにそれに対する需要が増してくるものである。たとえば靴を例にとってみよう。……安く売ることができるから労働階級の男女子供にいたるまで年に1足や2足の靴が買えるように……なった。[66]

つまり生産性向上の成果を経営者と従業員だけでなく，消費市場にも分配する（小売価格を下げる）ことによって，潜在的な需要が掘り起こされてゆく，そうテーラーは考えた。

テーラーのやり方は，実際には必ずしもうまく行かなかった。理由はいろいろあるだろうが，間違いなく大きかったと思われるのは職長制の壁だ。多くの職場では，程度の差はあれ分業が進展し，手工業段階におけるほどの高度の熟練は不要になっていた。しかしそれでも職長制は残っていた。職長制とは，その作業工程に熟達したベテランが他の従業員たちを束ねる制度だ。職長は手工業段階の徒弟制における親方ほどには強大な存在ではないにせよ，やはり必要な職だ。

職長がいかに自分の技を他の従業員たちに伝授するか，いかに従業員の要望をとりまとめて経営者に伝えるか，いかに経営者の要望を，反感を買うことなく従業員に伝えるか。職長の手腕如何によって，工場の生産力は大きく左右される。

---

65) テーラー『科学的管理法』上野陽一郎訳，産業能率短期大学出版部，1969年，75頁。
66) テーラー，同書233頁。

職長はしばしば自分の仕事に高い誇りを持っているから，まずテーラーのような部外者が職場に闖入することを歓迎しない。ここに第一の壁がある。テーラーがショベルによる土砂運びを最初の観察対象としたのは，テーラー自身の説明によれば，それが作業の単純さゆえに研究サンプルとして適していたからだ。しかしそれに加えて，そのような単純重労働の職場を束ねる職長は，様々な作業工程の職長たちのなかで最も格が低く，部外者の介入を許しやすいという事情があったはずだ。

職長がテーラーを受け入れたとしても，次の壁が待っている。テーラーが研究の結果提案するのは，今までのやり方を変更することだ。自らの長年の経験が否定されるのを，職長が一般に喜ぶはずがない。モーター旋盤による金属加工を職長に教えたときのことを，テーラーは次のように振り返っている。

> この人たちはもと組長や一流の工員であったものばかりであるが，今までのように新しい方法に対して極力反対するという態度がだんだんなくなって，たいていは熱心に新しい方法を礼賛し支持するように変わってきたことは非常に面白いことであると思う。[67]

このように書きたくなるほどに，拒否されることの方が多かったことが見て取れる。

1920年代以降，テーラーの手法がこうした人間的事実を軽視していたことへの反省から，生産性に及ぼす賃金以外の諸要因の探索が進んでいった。要するに職場における生産性は，生産設備の性能と従業員の賃金以外にも，その職場における従業員の人間関係，従業員の感じる誇り，作業の面白さなどが複雑に作用して決まってゆく。この事実が産業界全体に深く認識されるには，20世紀後半を待たなければならなかった。

3　フォーディズム

テーラーが経営の科学として〈科学的管理法〉を提唱していたのと同じ頃，

---

67) テーラー，同書152-53頁。

ヘンリー・フォード（1863-1947年）は実業家として，テーラーと非常によく似た発想から自動車の大量生産への取り組みを始めていた。幾たびかの失敗の後，ヘンリーがフォード自動車を設立したのは1903年のことだった。08年に生産を開始したＴ型フォードは，27年の生産停止までの累計生産台数1500万台という，大ヒット商品となった。20世紀の自動車工業史のなかで，Ｔ型フォードを凌ぎ得たのは，フォルクス・ワーゲン社のビートル2150万台（公称），同社ゴルフ2300万台（公称），トヨタ自動車のカローラ3000万台（公称）の３車種のみである。

蒸気機関を動力として，旅客や荷物を運搬する車は，19世紀初頭にはすでに存在した。しかし産業としてはあまり芳しい成功を収めることがなかった。人々に，危険で騒々しく煙い不快な存在，そして既存の運送業者にとっての脅威と目されたためである。そうした声に押されて，たとえばイギリスでは1865年，赤旗法が施行された。1896年まで維持されたこの法は，自動車を動かす際には最低３名の乗務員を義務づけ，うち一人は常に自動車の前を徒歩で歩き，誰かが接近する度に赤旗を振って自動車の存在を知らせなければならなかった。速度規制も厳しく，市内では時速3.2キロ，郊外でも時速6.4キロに制限された。

ガソリンで動く内燃機関を用いた自動車の生産は，1880年代，ドイツでゴットリープ・ダイムラー（1834-1900年）とカール・ベンツ（1844-1929年）によって始められた。彼らの自動車は蒸気機関とは異なりひどい騒音や煤煙を出さなかったため，一定の成功を収めることができた。ベンツはライセンス生産も積極的に行い，世紀の変わり目には年産600台を記録するまでに成長した。ただし生産がまだ手工業段階にあり，高度な技能を持つ熟練工を多数必要としたため，その販売価格はきわめて高かった。

1903年フォード社が産声をあげたとき，自動車に対する人々の認識はかなり変わっていた。しかし人々にとって自動車は〈不快な脅威〉から〈金持ちの遊び道具〉に変わっていたのであって，現代におけるように，〈誰でも持てる便利で楽しい実用品〉になっていたわけではなかった。これこそヘンリーが目指し，実現したことだった。

頑丈さと高出力を特徴とするＴ型フォードの販売価格は，1908年の生産

開始時点で850ドルだった。これは当時の一般的な自動車価格（アメリカで平均約2000ドル）からすれば十分に廉価だったとも言えるが，600ドル（標準的な労働賃金の三ヵ月ぶん）を目標としていたヘンリーたちは満足しなかった。目標達成までにはそこから5年を要した。T型の販売価格は目標達成後も下げられていった。14年には490ドル，27年の生産停止時点では300ドルを下回るまでになった。

　このような販売価格の切り下げは出血大サービスなどではない。T型フォードが販売価格を下げながら大きな利益をもたらすことができた最大の要因は，他の車種を全て捨てて，生産車種をT型一本に絞ったことにある。これによって，第一に，生産設備を整えるのにかかるコストが削減できるようになった。たとえばT型の座席を作る場合，様々な大きさの座席を作れるような設備は必要ない。第二に，部品の規格化が容易になった。たとえば，設計当初200種類のネジが必要だったものが，設計の改善によって50種類で済むようになる。第三に，生産工程の分割がしやすくなった。一人の従業員が受け持っていた工程を二人に分割すれば，それだけ作業は単純になり，作業員の熟練の必要が軽減される。

　これらの諸利点を集約して表現しているのが，1914年デトロイト郊外のハイランドパークで稼働を始めた新工場である。ここでは，7800以上に細分化された作業工程が，ベルトコンベアを使った組立ラインに沿って配置された。自動車のような巨大な製品を高度な分業によって組み立てようとするとき，製品を動かさず，作業員が動くやり方では効率的にならない。逆に，作業員は動かず，作業員の前を製品が動いてゆくほうがよい。全ての作業工程を同時に進行させることができるし，生産性をさらに向上させるための改善の余地が発見しやすい。

　この1914年，T型1台あたりの組立所要時間は93分となり，08年時点の約9分の1にまで短縮された。年間生産台数は24万8000台に達し，アメリカにおける全自動車生産の50％を占めるまでになった。販売価格は490ドルとなり，08年時点の60％未満にまで下がった。[68]

---

68) デーヴィッド・A. ハウンシェル『アメリカン・システムから大量生産へ　1800-1932』和田・金井・藤原訳，名古屋大学出版会，1998年。

ヘンリーは言う。「産業の真の目的は，この世を良質で安価な生産物で満たして，人間の精神と肉体を，生存のための労苦から解放することにある」。[69] この言葉に嘘はないだろう。たしかに人間の生存上の必要からはかけ離れた奢侈品だったはずの自動車は，フォード流の大量生産によって大幅に価格を落とし，多くの人の手に入る商品となり，間もなくアメリカ人にとっては必需品にさえなった。しかし生存のための労苦からの解放は，別の苦しみをもたらしつつあった。

　それは，退屈である。ヘンリー自身認めているように，きわめて退屈な単純反復作業が，フォード社で働く従業員を大いに苦しめていたのである。そのためピーク時におけるフォード社従業員の年間労働移動率（離職率）は，370％にのぼっていた。つまり3ヵ月で従業員のほぼ全員が入れ替わっていた計算になる。

　フォード社は，テーラーがそう考えたのと基本的に同じく，賃上げによって従業員の不満を解決できると考えた。フォード社は組合の要求に応じて，早くから最低賃金制を導入した。そればかりか1914年からは，幾つかの条件を設けながらも，当時の常識からすれば破格の1日8時間5ドルの高賃金（当時の平均賃金の2倍）を支払った。これによって離職率はかなり改善された——ヘンリーの言によれば，1915年の月平均労働移動率は1.4％——。と言うより，噂を聞きつけた就職希望者が絶え間なく工場に押し寄せるようになったため，離職率は経営にとってたいした問題でなくなったのだった。

4　生産から販売へ

　フォード社がT型の生産を開始した1908年，ウィリアム・デュラント（1861-1947年）は買収した高級車メーカー，ビュイック社（1903年創業）を足掛かりに，オールズモービル社（1897年創業）を買収してGM社（ゼネラル・モーターズ）を設立した。

　デュラントは，ヘンリー・フォードとは正反対に，安価な大衆車から最高

---

69) ヘンリー・フォード『藁のハンドル』竹村健一訳，中公文庫，2002年，94頁。

級車まで，あらゆる価格帯のニーズに応える総合自動車メーカーを標榜した。基本的な事業拡大手法を企業買収においたため，経営の厳しい主導権争いを繰り返しながらも，さらに1909年にはキャディラック社（02年創業），18年にはシボレー社（11年GM社から追い出されたデュラントが自ら創業），26年にはオークランド社（07年創業，のちのポンティアック）を傘下に収めた。ここに，キャディラックを頂点に，ビュイックが準高級車，オールズが中級車，ポンティアックとシボレーが大衆車を受け持つ，現代のGM社のラインナップの原型が形成された。

　GM社はフォード社が開いた自動車の巨大な市場を急激に自分のものにしていった。早くも1927年には生産台数でフォード社を抜き，同年，T型を生産停止に追い込んだ。以降，GM社は現在（2005年）に至るまで，世界最大の自動車メーカーの座をどこにも譲っていない。

　なぜか。フォード社は同一品質の工業製品をいかに大量かつ安価に生産するかに，その経営資源の大きな部分を注ぎ込んでいた。作った製品をいかに売るかについてはほとんど考えていなかった。じっさい，1910年代いっぱいは生産すれば生産しただけ売れていったのだろう。売るための方法を考える必要がなかったのである。しかし20年代，消費市場は変化しつつあった。T型に親しんだ消費者たちは，安さとはべつのものを自動車に求め始めていたのである。

　1923年，デュラントからGM社の経営を引き継いだアルフレッド・スローン（1875-1966年）はこれにはっきりと気づいていた。もはや大量生産は追求すべき目標でない。フォード社流の生産方式は，多少の改善の余地は残っているかもしれないが概ね完成されているし，欲する人ならほとんど誰でも自動車を入手できる状態は，すでに実現されているのだから。ゆえに今後は，大量生産した製品をいかに売るかを考えなければならない。つまりすでに持っている自動車をいかに手放させ，買い換えさせるか。

　生産開始から1920年代半ばまで，T型フォードの塗装には黒しかなかった。なぜかと言うと，エナメルにカーボンを混合して作った黒の塗料が，安価で，速乾性にすぐれ，耐久性に問題がなかったためだ。このことに象徴されるように，T型フォードの外観は，生産の都合やコストの事情に強い制約を受け

ていた。

　これに対して，GM社は生産性やコストよりも外観の魅力を優先した設計を，大衆車に持ち込んだ。高度なプレス成型技術を用いて作った美しい流線型のボディを，多彩に塗装して買い手にアピールした。買い手の欲望を定期的に刺激するためにモデルチェンジを年次化したのもこの時期のGM社だ。このやり方では，とうぜん販売価格はT型ほど安くならない。1926年時点で，GM社の大衆車シボレーの販売価格はT型フォードの約1.3倍だった。それを補うためにGM社は下取りとローン（割賦販売）の制度を導入した。[70]

　1926年当時，ヘンリー・フォードは自動車産業の未来をこう予想していた。

　　私たちは過剰生産を起こすかもしれないが，……それは全世界が望むもののすべてを手に入れてからである。さらに言えば，……私たちは，きっと，それに満足するはずである。[71]

地球人口が有限である以上，自動車産業はいつかその使命を終える日が来る。望む人全員が頑丈で実用的なT型フォードを手に入れたならば，もう新車の生産にはほとんど出る幕がなくなるだろうからだ。あとは自動車修理業だけが細々と続いてゆくことだろう。それでいいのだ。

　しかしヘンリーの予想は大きく外れた。こんにち，多くの自動車ユーザーは，買った自動車に10年も乗り続けはしない。下取りに出し，数年のローンを組み，より魅力的な新車に乗り換えてゆく。国際自動車連合会議の調べによれば，2004年の世界自動車生産台数は約6400万台にのぼっている。自動車産業全体の衰退の徴候を見いだすのは難しい。世界の生産台数は毎年コンスタントに3％以上のペースで伸びている。

5　20世紀の産業化

　以上に説明した過程は，自動車産業だけに固有ではないし，アメリカだけに固有でもない。この過程は，程度や時期，スピードや規模の差こそあれ，

---

70) アルフレッド・スローン『GMとともに』有賀裕子訳，ダイヤモンド社，2003年。下川浩一『世界自動車産業の興亡』講談社現代新書，1992年。鈴木直次『アメリカ産業社会の盛衰』岩波新書，1995年。
71) フォード，前掲書237頁。

20世紀のあらゆる主権国家・産業資本制市場社会に例外なく起こった。

ほとんどの工業製品は，大量生産によって販売価格が下がり，また労働者の購買力が上昇したことによって，誰の手にも届くようになった。本来高価な奢侈品だったものは廉価な必需品に変わっていった。蓄積された資本はそれまで存在しなかった商品の開発にも投資され，成果をあげた。冷蔵庫，洗濯機，掃除機，電話器，ラジオ，レコード，テレビ，エアコン，ビデオ，パソコン，航空機，ロケット，ペニシリン，アスピリン，血液製剤，人工臓器……。これらの新たな工業製品は，買い手の欲望を刺激するために美しくデザインされ，広告され，買われ，捨てられ，また買われてゆく。

産業化の過程のなかで，就業構造も大きく変わった。20世紀の主権国家・産業資本制市場社会のなかでも最も経済的に成功し，かつその過程が見やすい日本の例を概観すると，次のとおりである。[72]

19世紀後半に産業化がスタートしてから，全有業者に占める第一次産業従事者（農，林，漁業など）の割合はほぼ一貫して減少し続けてこんにちに至る。1920年（国勢調査開始の年）には53.8％だった第一次産業従事者の割合は，1995年には6.1％にまで減少している。

これを吸収していったのが，第二次産業（鉱工，建設，製造業など）と第三

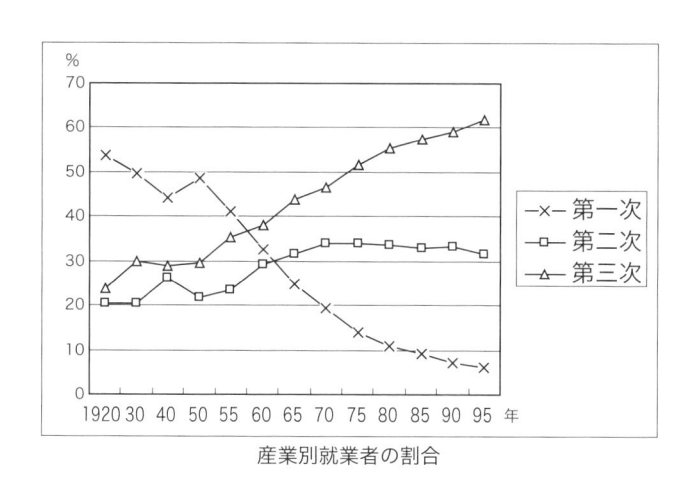

産業別就業者の割合

---

72) グラフは，矢野恒太記念会編『数字でみる日本の一〇〇年』国勢社，2000年，80頁より作成。

次産業（販売，金融，不動産業など）だった。第二次産業従事者の割合は高度成長の終息までゆっくりと増大し続けた。1920年には20.5％だったのが，1975年には34.1％のピークを迎えた。そこで頭打ちとなり，こんにちまでほぼ30％前後で推移している。大量生産が容易になり，それ以上の要員を必要としなくなったためである。

　第三次産業従事者の割合は，1940年代を除いては，こんにちにいたるまで一貫して増大し続けている。工業製品の価格が下落し，国民所得が増大した結果，販売に携わる要員がより多く必要となり，また，企業が成長し巨大化するにつれて，増加する従業員と分化する社内諸組織を統括するために，事務職がより多く必要となったためである。これがいわゆるホワイトカラーであり，旧中産階級に代わって出現した新中産階級の中核である。第三次産業従事者の割合は，1920年には23.7％だったのが，1995年には61.8％にまで増大している。

第7章 二大フォーマットの内破 世界大戦前後

群衆の中のヒトラー（円内）

1 第一次世界大戦

　労働市場の形成，国家による民政管掌分野の拡大と所得再分配機構の漸次的な整備，参政権の拡大，国民意識の醸成，大量生産システムの完成，マスメディアの形成とPRの浸透。これらのスキーム群に支えられて，近代社会は，近代化・産業化の最大の攪乱要因と目され続けてきた群衆の諸不満を——解消する方向であれ，抑え込む方向であれ——制御するすべを得た。近代社会は概ね自己を完成させる見通しを得たかのように見えた。

　しかしその先行きは，20世紀前半，大きな疑問符を付されることとなった。第一次世界大戦（1914-19年），世界大恐慌（29年以降），ナチス・ドイツの成立（33年），そして第二次世界大戦（39-45年）である。なかでも第二と第三の出来事は，その後の二大フォーマットの行方に強い影響を与えた。

　第一次大戦は，それ自体としては，二大フォーマットと，それを支えるスキーム群の有効性を疑わせるものではなかった。その有効性はある意味，むしろ戦争の道行きのなかで大いに証明されたとさえ言えるかもしれない。要するに，戦争の勝敗は，主権国家の政府を中心に，中央集権的かつ官僚制的に組織された工業力と国民意識の力によって決するものとなっていたのであ

る。

　19世紀にとって，戦争の帰趨は，両軍の主力同士が正面からぶつかり合う大会戦に集中的に投入される戦力，英雄的な突撃，そして指導者の軍事的才覚によって，数日のあいだに決するものだった。たとえばナポレオン戦争におけるトラファルガー海戦（1805年），アウステルリッツ会戦（1805年），ワーテルロー会戦（1815年）のように。長尾龍一によれば，「これは，中世ヨーロッパにおける決闘の制度に似ている。争う二人を，多数の中立的市民が取り巻き，その監視のもとで，……勝敗が決せられるのである」。[73]

　しかし20世紀，戦争の性質は変化した。第一次大戦において，英雄的な突撃は機関銃と速射砲の前に無残に全滅するほかなくなっていた。経済関係の広域化は諸国の中立を難しくした。敵の防衛線を突破することが双方にとってきわめて困難になったため，戦力は数百キロに及ぶ長大な戦線に分散配置するほかなくなった。第一次大戦では，レフェリー不在のまま，数ヵ月間にわたって膠着する，塹壕における消耗戦を持ちこたえることが，戦争に敗北しない唯一の道となった。

　そのために，各国には，長大な戦線を構成する各部隊，それを支える兵站，通信，医療，生産などの諸部門を効率的に動員するための巨大な官僚制的機構が形成された。ただし，敗北しないための道が分かっているからといって，勝利がもたらされるわけではなかったのだが。[74]

　この戦争に必要な情緒は，非凡な勇気や職業軍人としての誇り，功名心ではなかった。兵士同士の個人的な絆ですらなかった。必要だったのは，重砲弾の嵐が間歇的に塹壕を襲い，何の予兆もなく生命を断たれることが自明化した状況下，かけがえのない人格としてではなく代替可能な兵力として，自らを，また互いを捉えることができる資質，すなわちオルテガが言う意味での〈平均人〉としての情緒だった。

　もちろん〈平均人〉といえども，無条件に命を賭することなどできはしない。少なくとも，平均性の規矩と，その規矩に対する愛着が必要だ。だからたとえば当時のドイツ人作家エルンスト・ユンガー（1895-1998年）は，次の

---

73) 長尾『リヴァイアサン』講談社学術文庫，1994年，44-45頁。
74) ウィリアム・マクニール『戦争の世界史』高橋均訳，刀水書房，2002年，432-34頁。

ように〈平均人〉の死を文学的に昇華させようとした。

> 我々が，無名兵士に見て取るものは象徴としての犠牲の概念であり，個々の運命に見て取るものは象徴としての犠牲のイメージである。両者は，一つの霊性を創出しようと努める二つの比喩なのである。[75]

平凡で匿名かつ大量の戦死は，無意味ではない。死にゆく人々の個別的な人格性が確認できないことは，彼らの卑小さを証すのではない。匿名だからこそ，そこに払われた犠牲のイメージが，きわめて純粋かつ崇高に表現され得る。ユンガーは，その犠牲の宛て先を国民・民族としてのドイツに求める。

> このようにして我々は死者を我々の内心に生かすのである。なぜなら彼らは生者よりもいっそう生き生きとしているからである。彼らは，人間に許される最も力強い仕方で生を肯定した。ドイツと彼らが呼んだものは，この肯定のシンボルのことであった。[76]

ドイツのこのような国民総力戦の形而上学をもってしても，ドイツ，オーストリア，オスマントルコに対して優に3倍以上のGDPを有したイギリス，フランス，ロシア，およびアメリカの経済力を打ち破ることはできなかった。一般にイデオロギーの力が経済力にかなわないと言っているのではない。民族性に国民凝集の基礎を求めることができなくなっていたアメリカでも，CPIを介して〈世界をデモクラシーにとって安全なものとするために（To Make the World Safe for Democracy）〉なるスローガンが流布され，〈平均人〉の不条理な死に崇高な彩りが与えられていた。イデオロギーの力に明らかな優劣差がないとき，結局，国家が戦争のために動員できる経済力の差が物を言ったというだけのことである。

第一次大戦は，二大フォーマットの観点からみると，その貫徹と成熟を促した出来事だった。上述に加え，この戦争を通じて，あるいはその直後，同盟側であれ連合側であれ，参戦した国々では参政権の拡大，女性の労働市場への参画，社会保障制度の整備，産業技術の著しい発達が見られたのも事実である。ただし，その後80年の経過を知る私たちとしては，もう一つ認識しておいたほうがよいことがある。

---

75) ユンガー『追悼の政治』川合全弘編訳，月曜社，2005年，14頁。
76) ユンガー，同書28頁。

それは，成熟してゆく二大フォーマットの複合体が，同時に，矛盾なく，過去に類例のない破天荒な大量殺戮の機構になったという事実である。第一次大戦は少なくとも1500万の人命を奪った。この傾向はその後，加速度的に進展した。第二次大戦は，その終結までに，少なくとも5000万人の死者を要した。こんにち，二大フォーマットの複合体たちは，自己を完全に抹殺するに十分なだけの破壊力を準備するまでに至っている。

　現在，核武装している主要5ヵ国（アメリカ，ロシア，イギリス，フランス，中国）だけで2万発以上の核弾頭を保有しており，その約3分の1がいつでも使用できる状態にある。冷戦時代のピークに比べればずいぶん減ったが，それでもこの状態なのである。私たちが生きているのは，社会保障の更なる充実や，様々なマイノリティに対する処遇の改善に腐心し，平均株価やGDPの微細な変化に一喜一憂しつつ，20分以内に，地球上の主要都市すべてとその住民を一挙に破滅させ得る，そういう未曾有の社会である。

2　世界大恐慌

　第一次大戦と第二次大戦の戦間期，1930年代には，二大フォーマットにとってはある意味戦争よりも重大な危機が顕在化した。それは，フォーマットおよびそれを支えるスキーム群が，直接，それ自身に対して破壊的な働きを持つという，未経験の危機である。アメリカを震源地とする世界恐慌は，産業資本制市場社会に外在する諸要因とは無関係に突発した。アドルフ・ヒトラー（1889-1945年）による政権掌握は，クーデターのような，近代的主権国家の諸制度に対して敵対的な手段によってではなく，飽くまでそれに内在しながら，合法的におこなわれた。

　1930年代のこれら二つの危機は，近代社会がそれまでに経験してきた危機とは大きく異なる。それ以前の危機は，フォーマットに外在する諸要因——特に賃労働群衆の騒擾——がもたらす，フォーマット破壊的な働きであった。その収拾は外在者を内部に組み込んでゆくことによって，つまりフォーマットを貫徹することによって図られてきたのだった——経済成長，参政権の拡大など——。

たしかに第一次大戦においても，二大フォーマットの自己破壊的傾向は見られた。しかしそれは，あくまでも敵国という要素を媒介にした破壊，つまりフォーマットにある意味外在する要因を媒介にした自己破壊だった。しかし1930年代に顕在化したのは，二大フォーマットに内在する諸要因が，直接無媒介に，それ自身の破壊をもたらすというタイプの，新しい危機だった。

　1927年以降，アメリカ経済は，農業生産の過剰，設備投資の過剰，あるいはそのような懸念，金融市場の脆弱性，金融引き締めと関税引き上げという政策の失敗などの諸要因が雪だるま式に作用しあい，急激にメルトダウンしていった。株価は29年9月からのわずか3年足らずのあいだにピーク時の9分の1にまで落ち込んだ（20世紀前半におけるダウ工業株平均の最高値は29年9月の381.17ドル。最安値は32年7月の41.22ドル）。実質GDPは4年間でほぼ30％減少し（29年8400億ドル。33年6000億ドル），失業率は最悪時の33年には24.9％（23-29年の平均は3.3％）に及んだ。[77]

　参考までに，日本のいわゆるバブル崩壊（1991年以降）の際，株価は13年以上をかけて，ピーク時の5分の1となった（日経225種株平均値の最高値は89年12月の3万8915円87銭，バブル後最安値は2003年4月の7607円88銭）。名目GDPは97年度のピークからの7年間で3％の減少にとどまった（97年度の521.1兆円から，03年度の501.3兆円へ）。完全失業率は02年から03年にかけて5％を超える局面があったが，これに100万人の潜在的失業者を加えても，失業率は7％を超えなかった。この経験から振り返ってみれば，大恐慌時のアメリカの惨状がいかばかりのものだったか想像しやすいだろう。

　大恐慌時，すでにアメリカ経済は，イギリス，フランス，ドイツ，日本，イタリアの合計にほぼ匹敵する規模にまで巨大化していた。アメリカのGDPは世界の約20％を担い，その商品輸出額は世界の約15％に達していた。[78] そのため，アメリカ発の恐慌は文字通り世界的に波及した。

---

77) ピーター・テミン『大恐慌の教訓』猪木武徳・山本貴之・澤歩訳，東洋経済新報社，1994年。Milton Friedman & Anna Jacobson Schwartz: *A Monetary History of the United States, 1867-1960*, Princeton University Press, 1963. John T. Dunlop and Walter Galenson, eds., *Labor in the Twentieth Century*, Academic Press, 1978, p.27.
78) アンガス・マディソン『世界経済の成長史 1820-1992年』金森久雄監訳，東洋経済新報社，2000年，278-83頁，342-47頁。

自己破壊的にメルトダウンしてゆく産業資本制市場社会から人々を救うために，国家が積極的な役割を果たした。効を奏したのは，立法に裏付けを得た公共投資と，商品の流通範囲の制限によって，国家が大規模な供給を先に行い，供給に見合う需要を域内に喚起する政策だった。それをドイツにおけるように国家社会主義と呼ぶか，アメリカにおけるように修正資本主義と呼ぶかはあまり重要でない。

　違いは，ドイツが公共投資において軍需という回路を十全に活用した結果，30年代半ばに経済の急激なV字回復を経験したのに対して，アメリカはそのような選択をなさなかったため，回復が比較的遅れたことである。次章に述べるように，30年代のこの苦しみは，アメリカを，産業資本制市場社会の内在的な危機をあくまでも内在的に克服する手法，つまり消費化へと導いていった。

3　主権国家の隘路

　近代社会のフォーマットの，内的な自己破壊は，同じ1930年代，産業資本制市場社会だけではなく，主権国家の側にも起こっていた。33年のドイツでヒトラーが政権の座に就いたのは，選挙によって選ばれた議員たちの，議会における投票によってだった。フランツ・ノイマン（1900-54年）が言うように，そこでは

> 議会制民主主義のあらゆる仕組み，あらゆる自由主義的な制度，法律規定，社会的政治的絆が，自由主義と民主主義を攻撃する武器となった。[79]

〈自由にして平等〉な人々の合意に裏打ちされ，国民の生命と財産を保護することに存立の正当性の究極根拠を置く支配機構としての近代的主権国家が，その最も重要なサブシステムである議会によって，少なくとも手続き上は合法的に，否定されたのである。

　こんにちに至るまで，この課題は，およそ抜本的に解かれているとは思え

---

[79] ノイマン『ビヒモス』岡本・小野・加藤訳，みすず書房，1963年，43頁。

ない。特に，当時ナチスに理論武装を施したカール・シュミット（1888-1985年）の次のような論理を見るとき，その根深さは際立つ。

　民主主義と自由主義は原理的に両立しない。民主主義とは支配者と被支配者が一致した国家体制である。ゆえに民主国家にとって至高の価値は平等であって，自由ではない。ここで平等とは国民としての同質性，自由とは自他の異質性を意味する。

　議会主義は民主主義の歴史的一形態であって，民主主義そのものではない。議会主義は合意形成を通して同質性の増進に資する限りで意義深い。しかし，現代の議会主義が討議，権力分立，法の普遍性など自由主義的な価値を強調するのは，現実の不平等状態において，富める者，有力な者が無垢な同質者たちを欺き，自己利益を温存・拡大するための方便にすぎない。民主主義に資さなくなった議会は解体すべきである。

　複数の民主国家どうしの関係は，平等でなく自由である。ゆえにとうぜん敵対する。敵対を終わらせるのは平等化，つまり同質化による一体化である。ならば，自国を防衛するだけでなく，他国を併合し，統合に務めることは，民主国家の権利であり義務である。[80]

　ホッブズとルソーを拠点として展開されるこの強力な論理を突き崩すことは，もちろん必要だとは思うが，じっさいには容易ではない。[81] 今はただ，ここに病巣が存在することだけを指摘し，あとは人々の経験的なバランス感覚からくる賢慮に期待するほかなさそうだ。原理的な問題の所在を知るだけでも，少なくとも知らないままよりは，慎重になることができるのではないか。

4　第二次世界大戦

　フォーマット内的な要素に起因する自己破壊の危機，内破の危機は，外的

---

[80]　シュミット『リヴァイアサン――近代国家の生成と挫折』長尾龍一訳，福村出版，1972年。シュミット『現代議会主義の精神史的地位』稲葉素之訳，みすず書房，2000年。
[81]　左古，前掲書。ハンス・ケルゼン『法と国家の一般理論』伊地知大介訳，学而堂，1980年。レオ・シュトラウス『ホッブズの政治学』添谷・飯島・谷訳，みすず書房，1990年。ジャン・スタロバンスキー『ルソー――透明と障害』山路昭訳，みすず書房，1993年。

な脅威に由来する危機よりも根深く，はるかに解きにくい。外的な脅威を抑制することが課題なら，排除あるいは同化という，比較的単純な対処を努力の中心とし得るだろう。これに対して，内的な自己破壊が課題である場合，排除／同化される側ではなく，する側自身の変容が必要になる。だから，1930年代こそは，ほかのどの時期と比べても，近代社会にとって最悪の危機の時代だった。主権国家と産業資本制市場社会が，同時に，内破の危機を露呈させてしまったのだ。二人の瀕死の重症患者が，互いに互いを治療しようとのたうち回っていたのである。

この現実の過程が小康を得たのは，再度の世界大戦によってだった。近代社会は，内破の危機を放り出して，再び，外部の排除と同化への努力に専心することができるようになった。要するに枢軸側諸国を，打倒すべき奇形国家群とみなすことによって，連合側諸国は自身の内的危機を忘れることができたし，工業化した総力戦に勝利するために，産業資本制市場社会を公然と一時停止させ，経済過程の全体を掌握することができた。

二大フォーマットの観点からすると，第二次大戦にそれ以上に重要で目新しい意味があったとは思えない。[82] 敵の経済力に打撃を与えるための本土攻撃，科学者の体系的な動員による大量破壊兵器の開発，その組み合わせによる非戦闘員の莫大な犠牲は，もちろん以前の戦争に比したばあいの第二次大戦の特徴ではある。しかし，それは工業化した戦争一般の特徴であって，第二次大戦において際立っているのはその強度にほかならない。

特定の民族集団に対する体系的な虐待も，忘れるわけにはいかない第二次大戦の特徴だ。しかし，それは国民の国家に対する情緒的な帰依の拠り所を民族性におく場合にしばしば見られたことであって，第二次大戦が開いた新たな局面ではなかった。印刷，放送，通信を動員し，きらびやかに演出されたプロパガンダも，その原型は，すでに見たように20世紀初頭にはあらわれていた。

しかし，第二次大戦が二大フォーマットに対して与えた重要な影響が，もう一つあった。それは，この戦争を通じて，国家の主権というものを，以前

---

82) ギデンズ，前掲書302頁。

のような不可侵で平等な排他的支配権としてイメージすることが現実味を失ったことである。マクニールが言うように,「一国家というものはもはや戦争らしい戦争を戦うには小さすぎる単位となった」[83] 第二次大戦は,複数の国家からなる一体的な戦争機構の形成を促し,結果的に,主権の性質を変化させたと言える。

特にアメリカとイギリスが形成した戦争機構は突出していた。第一次大戦とその戦後処理において,戦債問題が国家間の連携に影を落としたことへの反省から,アメリカでは,1941年3月,武器貸与法(アメリカの国防に資する限り,あらゆる物資と情報を他国の政府に対し無制限に供与する権限を大統領に与える法)が成立した。これによって,イギリスをはじめ,枢軸側と交戦状態にあるあらゆる国に物資を供給するための法的体制が整った。この体制を実効性あるかたちで動かすための調整が軌道に乗るにはさらに2年を要したが,それ以降は終戦まで一貫して,軍需物資全般の驚くべき増産と,迅速で超国家的で,短期的な損得を度外視した分配がおこなわれた。

軍事行動においても,米英両国の統合は進んだ。1942年2月,米英軍の指揮系統の頂点に合同参謀本部が設立され,ローズヴェルトとチャーチルが決定する共同戦略の具体化にあたった。米英軍の参謀たちのあいだには国籍に拘泥せずに連携するチーム意識が醸成され,間断なく情報交換がおこなわれるようになった。[84]

近代史のなかで,主権の不可侵性の緩和をじっさいに実現したのは,国際連盟における多国間討議の結果おこなわれる制裁のごときものによってではなかったし,諸国家がその決定にしたがう上位機関の設立によってでもなかった。ヒトラーのパリ入城,ロンドン爆撃の開始,そして日中戦争の泥沼に塡まった日本の枢軸側への参加という流れのなかに置かれた,米英両国の相互浸透によってだった。

---

83) マクニール,前掲書484頁。
84) Mark A. Stoler, *Allies and Adversaries*, University of California Press, 2000, pp.103-122.

5　戦後の主権国家

　第二次大戦後，進行したのは，この戦争において形成された超国家的戦争機構の強化・拡大だった。世界中の旧植民地に対して，民族を単位とした主権国家となることを承認し，また，そうなるよう促す一方で，当の宗主国たちは，国家の主権の，伝統的な意味での不可侵性を，いわゆる西側，東側の同盟関係の結成と強化を通して過去のものにしていった。西側はマーシャルプランから NATO（北大西洋条約機構，1949年）と日米安全保障条約（51年）へ，東側はコミンフォルムからコメコン，ワルシャワ条約機構（55年）へと結晶化した。第二次大戦後の国際関係は，ギデンズが指摘するように，「一方で国家主権の普遍性を確認しながら，同時に『勢力範囲』という考え方を取り入れた」[85]のだった。

　この二重基準は国際連合憲章（1945年）に，分かりやすく現れている。その第二条には，

> この機構〔国連〕は，そのすべての加盟国の主権平等の原則に基礎をおいている

とある。しかし第二四条では，

> 国際連合加盟国は，国際の平和及び安全の維持に関する主要な責任を安全保障理事会に負わせるものとし，且つ，安全保障理事会がこの責任に基く義務を果すに当って加盟国に代って行動することに同意する

とされている。つまり，一方で独立不可侵の古典的な主権概念を言いながら，重要な諸決定については超国家的戦争機構の突出した軍事力を事実上承認し重視している。

　ソヴィエト連邦は，産業資本制市場社会の内破を，それ自身に外在する論理（生産と流通の国家統制）によって克服する体制を恒常化しようとする実験だった。大恐慌から第二次大戦終結までは，他の諸国でも産業資本制市場社会の事実上の一時停止があったから，ソ連の試みは突出しなかった。しかし戦後，西側諸国が元来のフォーマットの蘇生に着手すると，たちまち両者

---

[85] ギデンズ，前掲書303頁。

の対立は露呈した。ソ連にとって，経済過程の国家統制による，産業資本制市場社会の廃棄は，世界中がしたがうべき先進的な社会のモデルだった。東側は，この意味で本質的に超国家的かつ拡張主義的な性向を持っていた。

このような東側の圧力と，その圧力に対する西側の抵抗力が，幾度かの危うい綱渡りを経つつもなんとか均衡に達することができたのは，互いに互いを絶滅させるだけの大量破壊兵器を相互に持ち合うという，あまりにも苦い方法によってだった。核の傘が地球を覆い尽くすなか，個々の国家の主権の独立不可侵性などリアリティを持ちようはずがない。[86]

---

86) ギデンズ，前掲書305頁。マクニール，前掲書296頁。ジョン・ルイス・ギャッディス『歴史としての冷戦』赤木完爾・齋藤祐介訳，慶應義塾大学出版会，2004年。

第8章　消費化

ナイロンストッキングの広告

1　ナイロンストッキング

　ドイツ軍のポーランド侵攻を受けて，すでにヨーロッパ全体が戦時体制への移行をすすめていた1939年秋のとある日，アメリカのデラウエア州ウィルミントンの某商店では，とつぜん1500人もの人々が殺到する騒動が起こっていた。初めて一般向けに発売されたナイロンストッキングを買い求めようとしてのことだった。よほど世の女性（と男性）を熱狂させたと見える。ナイロンストッキングは，この日から1年のうちに500万ダース（6000万足）もの売り上げを記録した。当時を振り返って，ある女性は次のように証言している。

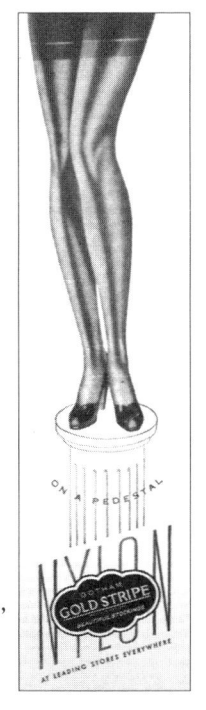

> シルクに比べて……伝線しないのが素晴らしかった。……それに，シルクより薄かった。男性は薄いのが好きでしょ。男の人を喜ばそうとしてナイロンに代えた人も多かったはずですよ。[87]

　ナイロンは大手化学企業デュポンが開発した，世界初の実用合成繊維であ

---
[87]　『朝日新聞』1998年7月12日，朝刊日曜版。

る。1939年に大量生産ラインが稼働を開始して以来現代に至るまで，ナイロンは，軽く細く丈夫でしなやかな繊維として，ストッキングをはじめ様々な製品に広く用いられ，私たちの日常生活のディティルに浸透している。

　ナイロンストッキングは，当時デュポン社が頭を悩ませていた課題に，きわめて明確で即効性のある解答を与えた。その課題とは，デュポン製品が人々の暮らしのなかで果たしている実際の役割と，デュポン社に対して人々が抱く印象とのあいだのギャップである。

　1802年の創業以来約100年にわたって，デュポン社は爆薬専業メーカーであり，20世紀初頭には全米火薬生産量の3分の2を担うまでに成長していた。この実績は，しかし，アンチ独占の世論の台頭のなかで，完全に裏目に出た。デュポン社は，進歩派のジャーナリスト，知識人，政治家の手で〈戦争によって私腹を肥やす死の商人〉のレッテルを貼られ，反トラスト法違反に問われ，社を三分割された。それ以降，デュポン社は火薬への依存体質からの脱却，総合化学企業への転進をすすめ，一定の成功を収めていった。[88]

　1920年代半ばには，デュポン社の製品構成は，合成皮革，染料，セロファン，不凍剤など，爆薬以外の製品が全体の90パーセントを占めるまでになった。人々は日常の暮らしのなかで，デュポン社製の素材を用いたさまざまの工業製品を便利に使っていた。しかし，にもかかわらず，人々がデュポン社に対して抱くネガティブなイメージは容易に払拭できなかった。30年代の大不況のなか，ローズヴェルトの推進するニューディール政策に批判的な態度でのぞみ，ドイツの再軍備に肯定的な立場をとったデュポン社は，再び進歩派と，その論調に同調する世論の激しい非難を浴びることとなった。[89]

　デュポン社は，企業イメージ改善のための大規模な諸施策を打ち出した。まず1927年，利益をもたらす可能性にほとんど無縁の，きわめて純粋に科学的な関心に基づく研究を許容する基礎研究プログラムを開始した。これは対外的なイメージアップと，自社で働く化学者のやる気を鼓舞するためのプログラムであり，利潤追求を至上命題とする企業の世界のなかに，正反対の思

---

88) 安部・壽永・山口『ケースブック　アメリカ経営史』有斐閣ブックス，2002年。
89) 小澤勝之『デュポン経営史』日本評論社，1986年，279-81頁。

想を組み込む逆説的な試みだった。[90]

　1935年には，自社が生産するものを中心に，産業上有用な化合物の毒性・安全性について調査するための研究所を設立した。この産業毒性研究所は産業毒性学のパイオニアとしての役割を果たした。

　同年，デュポン社は，当時としては破格の予算を割いてPRを開始した。それまで，社と消費者とのあいだの物質的な絆を築くことに専心してきた結果，両者のあいだの心理的な絆は，進歩派ジャーナリズムに掌握されてしまった。だから人々は日常生活のなかでデュポン社の化学素材からできた様々な工業製品を便利に使っているにもかかわらず，デュポン社に対してネガティブなイメージを抱いている。ならば，ジャーナリズムの頭越しに，社と人々のあいだの心理的な絆を自ら創出することが必要だ。〈化学をとおして，よりよい暮らしによりよいものを（Better Things for Better Life Through Chemistry)〉という，その後50年以上に渡ってデュポン社のキャッチフレーズとして親しまれたスローガンは，このとき生み出された――提案したのは，広告会社BBDO社ブルース・バートン――。

　こうした努力と知見の集大成が，1939年発売のナイロンストッキングだった。デュポン社の事業規模を2倍にするほどの莫大な利益をもたらすこととなったナイロンは，皮肉というべきか，27年以来の，利益度外視の基礎研究プログラムから生み出された。開発者ウォーレス・H. カロザースは「できるだけ大きな分子をつくる」[91]という純粋に科学的な関心に基づいて研究をすすめるなかで，ぐうぜん繊維としての特性をそなえた化合物を発見したのだった。これも35年のことだった。デュポン社はただちにこの合成繊維の量産化を決定した。

　この全く新しい素材の普及を図るにあたって，デュポン社は，それまでのような，まず量産を開始してから加工業者や消費者が用途を見いだすのを待つやり方をしなかった。逆に，この素材が消費者の手許にどのようなかたちで届くのかを最初に明確に特定し，それに向けて他のすべての要因を調整す

---

90) 古川安「科学研究におけるアメリカニズム」，『岩波講座現代思想　精密科学の思想』岩波書店，1995年，298頁。
91) 古川，同書303頁。

る手法をとった。ナイロンという命名は〈ノーライン（伝線しない）〉に由来する。ストッキングという最終製品のかたちが，量産にさきだって決定されたことを象徴的に物語っている。ナイロンという新素材は，禿頭博士たちが好事家的な興味を満足させるためだけに生み出す不気味な代物ではなく，自分の脚をより美しく演出したいと望むすべての人々にとっての福音である，と。その結果が，冒頭の騒動だった。

2　消費化　市場社会の20世紀スキーム

　産業資本制市場社会は，〈自由にして平等〉な人々の生を，経済活動における利益の相互性と成長性への信頼によって整序する。誰もが強制されることなく自由に，また誰もが排除されることなく平等に，財を取り引きできる。財を取り引きする万人が利益を得，かつその利益は増大する。

　20世紀初頭まで，このフォーマットへの信頼を醸成していた最も強力な要因は，同一品質の安価な商品の大量生産というスキームだったと言える。大量生産によって製品の価格が下がることは購買者の利益になり，購買者が増えることは経営者の利益を増やし，製品増産への再投資は労働者の利益を増進する。繰り返し提起された様々な疑義や代替体制の提案にもかかわらず，このフォーマットが生き延び得たのは，本質的には大量生産というスキームによる，相互利益と，その利益の成長への信頼があったためだろう。

　しかし，すでに1920年代アメリカの自動車産業が示唆していたように，産業資本制市場社会の19世紀的なスキームは，製品の普及率が上昇するのに合わせて通用しなくなっていった。要するに，誰もがＴ型フォードを購入しおえているにもかかわらず，かりに漫然と生産を続ければ，経営者は無限の損失を強いられたはずだ。それを回避するためにおこなわれる減産は労働者に損失を与え，労働者の財布が小さくなることは，購買力の減退に直結する。この悪循環が，一企業や一産業部門だけでなく，産業資本制市場社会全体におこれば，財を取り引きする万人が不利益を被り，かつその不利益は際限なく増大することとなるだろう。ジャン・ボードリヤールが端的に述べるように，

> 現代資本主義の基本問題はもはや「利潤の極大化」と「生産の合理化」とのあいだの矛盾……ではなくて，潜在的に無限な生産力……と生産物を売りさばく必要とのあいだの矛盾である。[92]

　1929年からの世界恐慌は，人々に，この矛盾が，産業資本制市場社会の全面的な倒壊にまでエスカレートし得ることへの想像力を強く刺激した。しかし産業資本制市場社会は，結果的には，この悪循環をふたたび上向スパイラルへと変換するための新たな手法を見いだしていった。それが消費化というスキーム，すなわち買い換えによる無限の需要創出だった。

　一人の人が，一度買い求めた製品を，その製品の耐用年数が尽きるまで大切に使い続けるならば，悪循環は避けがたいだろう。しかし人はその製品に飽き，捨てることができる。飽きによる廃棄を，次の購買への欲望に変換する回路を構築し，その回路を人々が循環してゆく速度を次第に上げてゆくことができれば，産業資本制市場社会の内破の危機を，あくまで内的に克服することができる。20年に一度しか起こらなかった買い換えが10年に一度になれば，需要は2倍になる。この買い換えサイクルの速度を5年に一度，3年に一度，1年に一度へと上げてゆくことによって，需要は無限に増大し得る。

　GM社は，製品の外観の魅力を追求するとともに，デザインの変更を年次化する戦略によって，人々に，すでに持っている製品を捨ててもらい，自社の製品を買ってもらい，繰り返し捨ててもらい，また買い換えてもらうサイクルを作り出した。デュポン社は，その時その時の先端的な科学知見を，人々の審美的な欲求に照準を合わせて製品化することによって，同様のサイクルを作り出した。この消費化が，産業資本制市場社会の20世紀的スキームとなった。

　不思議といえば不思議，当然といえば当然だが，GM社にしろデュポン社にしろ，主眼としていたのは，〈いかにして産業資本制市場社会を存続可能なものにするか〉などという抽象的で遠大なテーマではなかった。GM社としては，フォード社との熾烈な競合に勝利することが至上命題だったし，デュポン社としては，社に敵対的な世論を好転させることに腐心していただけ

---

92) ボードリヤール『消費社会の神話と構造』今村仁司・塚原史訳，紀伊國屋書店，1995年，84頁。

である。まさか自分たちの行いが，産業資本制市場社会の20世紀的スキームを先取りすることになるとは思いもしなかったろう。

　いずれにせよ，その結果として，現代を生きる私たちは，まだ使える製品でもそれを捨て，買い換えながら生きている。たとえば家電製品を考えてみよう。普及率が100％に近づくにつれて，基本性能の向上や，今までになかった機能の付加，デザインの変更がおこなわれてゆく。これらは消費者に買い換えのチャンスを提供するためである。

　近所の家電量販店に行くと，新型の，タマゴを思わせる丸っこくかわいらしいデザインの洗濯機が，〈深夜に使っても気づかないほど静かです！〉という謳い文句で売り出されている。と，とたんに，10年前には最新型だったはずの我が家の洗濯機がひどくやぼったく騒々しいように思えてくる。買った時は，その直線的なデザインと，低く唸るモーター音は，信頼性や質実さといったプラスの価値をイメージさせてくれた。なのに私の心は揺らいでいるのだ。

　毎日使ってきたものだからそれなりに愛着はあるし，壊れたわけでもないのに買い換えるなんて，なんとなく後ろめたい。しかし，店員さんに〈従来品比で60％の節電・節水設計だから，買い換えたほうが地球にやさしいし，ランニングコストを考えれば結果的には安あがり〉などと駄目押しされると，そんな抵抗感もかぎりなくゼロに近づく。もう買わない言い訳は〈今手持ちのオカネがないから……〉くらいしか思いつかない。そこで〈金利手数料なし，ボーナス一括払い〉と畳みかけられたら，もう降参だ。

　たぶん５年もたてば，このタマゴ型洗濯機のかわいさをマイナスの価値に転換してしまうようなデザインの新製品が売り出されるのだろう。それはきっと買い換えたほうが安上がりで地球にやさしいほどの環境性能を持っていることだろう。これから５年のあいだに，〈今手持ちのオカネがないから……〉を超える言い訳を発明しない限り，私はかなり高い確率でまた買い換えるに違いない。いや，買い換えるべきなのだ。そうでないと〈自由にして平等〉な人々を，利益の相互性と成長性への信頼によって繋ぎ止めることができなくなる。

　こんにち，世界の変化のスピードが以前と比べて早くなったという感想を

よく耳にする。しかし，それは，もしかすると，単に，買い換え提案のサイクルが早まっているだけのことなのかもしれない。言うまでもないだろうが，そのようなサイクルの加速は，消費化という，産業資本制市場社会の20世紀的スキーム自体の変化を全く意味しない。

3 アメリカ的苦悩と消費化

　消費化が世界に先駆けて起こったのは，アメリカにおいてだった。これは，〈自由にして平等〉な人々を，利益の相互性と成長性への信頼によって繋ぎ止める必要性が，世界の他のどこよりもアメリカにおいて最も切実だったことを示していると思われる。

　南北戦争後，旧中産階級の独立自尊，質素清廉を旨とする価値意識は，産業資本制市場社会の急激な展開と，新移民の流入のなかで，以前のまま〈アメリカ的精神〉の支柱であり続けることができなくなった。新しい価値意識を抱く大企業主たちと，旧中産階級のあいだには根深い軋轢が生み出されていた。きわめて多様な出身地からアメリカに渡り，各々固有の伝統を背景に持つ新参移民たちは，新しい生活に様々な程度で不適応を起こしていた。[93]

　説明してきたように，近代化・産業化にともなって，人々の伝統的で多様な価値意識どうしが軋轢をきたすことは全く珍しくない。しかしアメリカの場合，他と大きく異なるのは，そのような多様性をまるごと包摂したり，序列化したりできそうなメタ伝統——たとえば日本の場合なら万世一系の皇統——に訴求する余地がほとんど残されていない点である。考えてみよう。ポーランド系とイタリア系と中国系を一気に納得させるようなメタ伝統など，そう簡単に作り出せるはずがなかろう。

　そもそも旧中産階級の〈アメリカ的精神〉じしん，ヨーロッパの伝統からの決別をアイデンティティの源としていた。近代化・産業化以前の伝統共有という観念がリアリティを持たないアメリカでは，多様な価値意識の軋轢は，

---

[93] ウィリアム・トーマスとフロリアン・ズナニエツキ『生活史の社会学——ヨーロッパとアメリカにおけるポーランド農民』桜井厚訳，御茶の水書房，1983年。

復古的なイデオロギーによっては解かれようがないのである。[94]

　タルコット・パーソンズ（1902-79年）は『社会的行為の構造』（1937年）において，南北戦争後のアメリカの，産業化のなかでの混乱と軋轢を明らかに意識しつつ，ホッブズ的な〈万人の万人に対する戦争〉を，どうすれば回避・克服できるかを理論的に考察している。現代アメリカの苦悩を正確に解釈し，克服するには，近代化の第一のフォーマットが敷かれた17世紀にまで立ち戻って考えなおす必要があると考えたパーソンズの慧眼は，こんにちでも輝きを失っていない。[95]

　パーソンズによれば，人々がひたすら自己利益の最大化を図れば，相互利益とその増大がもたらされ，安寧な社会が形成されるというのは神話だ。自己利益の最大化は結局，強奪や欺瞞に行き着く。かといって，合意を盾にした強大な暴力の準備・行使によって，そのような自己利益の追求を規制しようとしても，その暴力を規制するさらに強大な暴力が限りなく要請されることになるだろう。主権国家のフォーマットも，産業資本制市場社会のフォーマットも，それ自体では社会の安寧を保障しない。

　パーソンズの結論はこうだった。

> 最小限の秩序を保障するに必要な程度には，価値の……共有があるのでなければならない。……これがあらゆる共同体における生活の主要な特性であるのでなければならない。[96]

つまり，まずは人々が一致して愛着を抱き，情緒的に帰依できるような，何らかの価値観が共有されていないと，秩序ある社会を営むことはできない。それがないところに，どんな政治制度や経済制度を被せても，有効に働かない。

　このようにパーソンズが言うとき，暗黙に想定していた共有価値とは，南北戦争以前の共和主義伝統（ステートを基本単位とした相互扶助を重視する志向を基調とする）であり，旧ミドルクラスの価値意識なのだが，[97] その後，

---

94) ダニエル・ブアスティン『アメリカ人――大量消費社会の生活と文化』新井健三郎・木原武一訳，上下巻，河出書房新社，1992年。
95) 左古，前掲書。
96) Talcott Parsons, *The Structure of Social Action*, Free Press, 1968, p.392.
97) 高木和義『パーソンズとアメリカ知識社会』岩波書店，1992年。

20世紀アメリカにおける共有価値の探求のさまざまな動きのなかで最も強力だったのは，消費化だった。ユーウェンが正しく言い切ったように，20世紀アメリカにおいて「消費は社会的な関係であり私たちの社会を支配する関係」[98] となったのである。

　そこでは，多様な伝統的価値意識によって共通して負のイメージを付与されていた諸価値が，肯定すべきものとして顕揚されることとなった。性的魅力，飽食，安楽さ，快適さ，飽きっぽさ……。

　これら諸価値の追求には上限がないし，客観的な基準もない。性的魅力という価値は，複数の人を比較したり，同じ人が異なる装いをしたときに，人がなにがしか優劣めいた判断を下す，という性質のものだ。だから性的魅力の向上を謳う商品のモデルチェンジや，新商品の開発は，永遠に続く。〈お菓子の美味さ〉とか，〈座席のすわり心地〉なども同様だ。これは永久機械ではあるまいか。購入することで比較が可能になり，比較が更なる欲望を生み，その欲望は購入へと再び接続されてゆく。

　マックス・ウェーバーは，近代ヨーロッパにおける資本制の展開の端緒を，プロテスタントによる世俗内禁欲の宗教実践に求めた。ウェーバーによれば，資本の本源的蓄積は，現世における限りない経済的利益を求める人類普遍の貪欲から起こったのではなかった。それは，死後の不確かな救いを，少しでも確からしくするために極度に職業に励み，貯蓄に励んだプロテスタントたちの禁欲実践から発したのだった。[99]

　現代では世界中どこでも成立し得る経済制度と目されることとなった資本制――蓄積と再投資による利益の累増――は，その端緒においては，それ自体が目的だったのではなかった。利益の累増は，特定の歴史的・文化的コンテキストのなかで，きわめて特殊で経済外的な目的（つまり宗教的な目的）を達成するための手段だったのだ。

　これと同じように，消費化――無限の欲望喚起と，その欲望を買い換え行動へと接続することによる資本制の存続――も，その端緒においては，それ自体が目的ではなかった。消費化は，人々が一致して愛着を抱き，情緒的に

---

[98] ユーウェン『欲望と消費』小沢瑞穂訳，晶文社，1988年，95頁。
[99] ウェーバー『プロテスタンティズムの倫理と資本主義の精神』大塚久雄訳，岩波文庫，1989年。

帰依できるような共有価値が欠乏した限界的な状況において，それでも共生するための手段だったのだ。

アメリカの主導的な価値意識を消費主義，物質主義として批判するのはそう難しいことではないし，ひどく的外れでもない。しかしそれよりも，消費化を痛切に必要とした——今も必要としている——彼らの苦悩に着目する必要がある。現代，私たちは，この意味で，アメリカ経済の動向に一喜一憂すべきだ。さきの大戦以降こんにちに至るまで，アメリカ人の旺盛な消費意欲に支えられて経済的繁栄を享受してきた日本人は特にそうだ。

4　消費化時代の人間

産業化の黎明期から消費化の時代までを視野に収めた歴史社会諸理論が提起されるようになったのは，第二次世界大戦以降のことだ。そのなかでも最も早く，事態の本質を鮮やかに描き出したのは，デイヴィッド・リースマン（1909-2002年）の1950年の著，『孤独な群衆』だった。

リースマンによれば，社会が，高度成長潜在的な段階（産業化以前）から，過渡的成長の段階（大量生産の追求）を経て，初期的減退の段階（消費化時代）へと移ってゆくのにつれて，人々の物の見方，考え方も，三つの段階を踏んで変化してきた。

まず，産業化以前の，農山漁村できわめて小規模に自律的な協働を営む人々が圧倒的多数だった時代，人々が自分の行動を決める際に最も有力な参照基準としていたのは伝統だった。ここでは，〈正しき行動〉とは，過去何百年にも渡って受け継がれてきた行動様式を可能な限り忠実に繰り返すことであり，〈悪しき行動〉とは，それを破ることだ。種まきや収穫の方法や時期，結婚の相手選びやタイミング，子育ての仕方，全て〈正しいやり方〉が予め決まっている。暮らしが村単位でほとんど完結しているため，人々は国家のような広い単位における出来事にはほとんど関心を持たない。

しかし，このような〈伝統指向型〉の人々は，産業化の時代には適応しにくい。膨大な数の人々と相互に依存し合いながら，農山漁村におけるように親密な関係を結ぶことができない孤独な状況において，自分の能力の一部分

を切り売りして生計を立ててゆかなければならない。伝統は何も教えてくれない。頼りになるのは自分自身だけだ。だからこの時代，人々の行動基準は内的になる。〈正しき行動〉は，決められた行動様式にしたがうことではなく，他の誰でもない自分の信念にしたがって一心不乱に突き進むことへと変化する。

このような〈内部指向型〉の人々が自分の信念を培うために重視するのは，学校の教師のような，見聞が広く都市生活に慣れた年長者の意見や，印刷物のなかに描かれる偉人物語である。家庭のなかでの子育ても，それに合わせて変化する。親は子を，まるで厳格な教師のような面もちで躾ける。〈私がそうだったように，お前もいつか親とは違う信念を確立し，親とは違う道を歩んで成功するのだ〉と。

〈内部指向型〉人間は，きわめて広範囲の相互依存関係のなかで生きるため，〈伝統指向型〉とは違って，国家の政治や国際関係などに深い関心を持つ。しかし専業政治家的，官僚的な関心ではない。彼らは意見の摺り合わせとか，多数派工作，費用対効果といった政治テクニックには無頓着だ。あくまでも自分の暮らしを支えている信念から，政治に対して道徳的な意見を持ち，表明する。

消費化時代，大量生産が枢要な課題でなくなり，物質的豊富が意識されないほどに自明化してゆく。この大衆的消費社会状況に〈内部指向型〉が適応するのは難しい。自分固有の信念などなくても暮らしてゆくのには困らないし，彼らの一心不乱の突進は周囲の人々との軋轢を生むばかりになる。

この新しい状況に適応するためには，周囲の人々が送るメッセージを敏感に感じ取り，同調することが最も重要になる。ゆえにこの時代における行動の基準は，伝統や信念といった固定的なものではあり得ない。それは刻々と変化してゆくし，生活のそれぞれの局面——家庭，学校，職場，友人関係など……——に応じて異なるものになる。消費化時代にとって〈正しき行動〉とは，周囲から浮き上がってしまわない振る舞いである。

このような〈他人指向型〉人間は，〈内部指向型〉とはずいぶん異なる仕方で自己を意識する。〈内部指向型〉は，信念どおりにならない現実に出会ったときに，自己を意識する。それに対して，消費化時代に適応した人々は，

自己を，周囲の人々とはちょっと違った商品を買うことによって確認する。肝要なのはその違いが〈ちょっと〉であることだ。違いすぎると浮き上がってしまう。[100]

　〈伝統指向型〉や〈内部指向型〉の目には，〈他人指向型〉は，その場その場の断片的なコンテキストのなかで臨機応変にメロディーを作り出す即興演奏家のように見えるだろう。またそれと同じくらいに愚鈍で無節操な風見鶏のようにも見えるだろう。現代の学生諸君も，御両親に，たとえば髪を染めることを〈くだらない〉とか〈個性がない〉と咎められたことがあるのではないか。諸君にとっては髪を染めないなどという選択こそが突飛なのだろうし，膨大な種類のヘアカラーからお気に入りを選ぶことこそが個性的なのだろう。こんど咎められたときには，怒らずに，〈リースマン曰く……〉と説明して差し上げよう。いずれにせよあと20年も経てば，日本でも消費化時代しか知らない人々が人口の過半を占めるようになるから，そんな説明も不要になるだろう。

---

100) リースマン『孤独な群衆』加藤秀俊訳，みすず書房，1964年。

第9章　家庭と女性

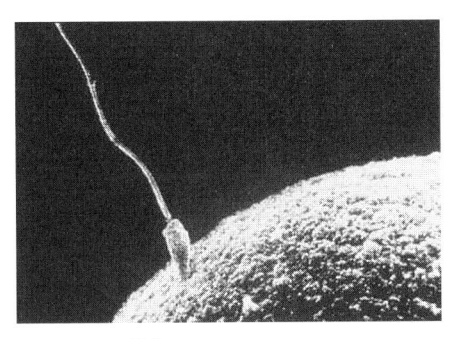

精子と卵子の結合

1　主婦という人間類型

　かつて，主婦という人間類型が，〈成熟した女性〉とほとんど同一視されるほどに標準化した時期があった。主婦とは，収入源を夫が持ち帰る給与に依存し，育児，炊事，洗濯，掃除などいわゆる家事を主な役割とする女性のことである。日本では高度経済成長期を中心とする約30年間が主婦の全盛時代だった。[101]

　主婦という人間イメージの社会制度上の表現には様々あるが，日本の場合分かりやすいものの一つに，公的年金制度における第三号被保険者というカテゴリーがある。1986年の年金法改正で設けられた第三号は，それまで夫の老齢年金から派生する遺族年金の受給者としてしか位置づけられていなかった主婦を，年金制度の本筋に組み込むことを主眼とした。通常，年金を受給するには，本人が一定期間保険料を支払わなければならないが，第三号は本人が保険料を支払わなくとも，配偶者（つまり夫）が厚生年金や共済年金に加入していれば，基礎年金を受給することができる。これは，賃労働する夫

---
[101]　落合恵美子『21世紀家族へ』有斐閣選書，2004年。山田昌弘『近代家族のゆくえ』新曜社，1994年。

と，その夫を支える妻（つまり主婦）という関係を一つの経済的単位とみなして，社会制度が設計された一例である。

第三号被保険者の制度は，こんにちでは〈年金タダ乗り〉との批判を受けることが多くなった。女性のなかにも，配偶者を持ちつつ賃労働する人が増えたし，もはや主婦という人間類型が，かつてほど標準的ではなくなったためである。

主婦という人間類型は，産業化過程のある局面に現れ，女性の生き方として標準化し，その局面が過ぎ去ると消えてゆく傾向にある。

産業化と賃労働が人間の暮らしにもたらした大きな変化の一つに，いわゆる職住分離，つまり生産の場所と消費の場所の分離がある。産業化以前，これら二種の空間は重なり合っていた。農民ならば，その生計の手段である畑は住居に隣接していたし，職人ならば，その作業場は家屋の一角に置かれていた。これに対して，産業化のなかで賃労働者となった人々は，生産に特化した空間である工場や事務所に出かけていって賃金を得，それを住居に持ち帰ることとなった。つまり産業化によって，家庭は生産の場所としての機能を失った。

当初，賃労働は必ずしも男性固有の領分とはみなされていなかった。ピーター・マサイアスによれば，産業革命期のイギリスにおける工場や鉱山には家族雇用の慣行があった。そこでは夫，妻，その子供が一括雇用された。たとえば，ランカシャーのある染物工場の記録によれば，工場における被雇用者136人のうち95人は，26の家族で占められていた。これは例外ではない。鉱山での雇用契約はしばしば，鉱山主と炭坑夫一家とのあいだで結ばれ，夫は採炭，妻は石炭桶の運搬，子供は通風扉の開閉を受け持っていた。[102]

19世紀前半，労働時間の制限や最年少労働年齢の法制化の動きが起こったが，それは労働者自身の要求ではなく，中産階級（医師や人道主義者）に発したものだった。労働者自身は，むしろ逆に，職場の人員補充や熟練のための訓練を自分の血縁者に制限することで，自らの地位や収入を維持しようとしていた。全産業で，8-13歳児童の1日労働時間が6時間半に制限される

---

[102] マサイアス，前掲書219-25頁。

にいたったのは，ようやく1853年のことだった。産業化の初期の局面においては，賃労働の世界にも血縁の紐帯を求めようとする人々の意識は根強く残っていたのである。

角山榮によれば，家族とは何か，とか，望ましい家庭とは何か，といった問いかけがなされ，答えられ始めるようになったのは，このような経緯の直後のことだった。これは「長い人間の生活史のなかで，じつは初めてのことである」[103] もちろん，望ましくない現実に苦言を呈するというタイプの消極的な言説は過去にいくらもあっただろう。ここで新たに現れたのは，望ましい家庭のイメージを積極的に提唱する言説である。

19世紀後半における理想の家庭論において主流を占めたのは次のようなものだった。賃労働の空間である都市には，危険，誘惑，あらゆる悪徳が渦巻いている。それでもまっとうな人間性を保つためには，都市の悪徳から逃れることができる避難所が必要だ。家庭とは，そのような避難所だ。家庭は都市で傷つき疲れた男性が人間性を取り戻すための場所であり，子供を都市の悪徳から守り育むための場所である。家庭を理想的な避難所として整える役割を担うのは女性である。

こうした理想の家庭論の形成とほぼ時を同じくして，家庭運営の指南書が現れ，ベストセラーとなる。なかでも今日に至るまで読みつがれているのは，イザベラ・ビートンの『家政読本』（1861年）である。この本には，当時の中産階級家庭における家事の有り方が克明に描かれていた。料理法，夫の健康管理，子供のしつけ，家の買い方借り方，家財道具の選び方，壁紙の選び方，近所との交際法などなど。当時の中産階級の場合，特にその上層においては，主婦は賃労働しないだけでなく，家事労働すらしなかった——理想の主婦とは，家事使用人たちを仕切る監督のような存在だった——わけだが，労働者階級女性たちは，ビートンの読本を有力な手本として，主婦への道を模索していったのだった。[104] このタイプの理想の家庭像，女性像がはっきりと崩れ始めるのは，その100年後のことだった。

---

103) 角山「家庭と消費生活」，角山・川北編『路地裏の大英帝国』平凡社，1982年，42頁。
104) 角山，同書34-57頁。

2　主婦の苦悩

　1950年代のアメリカは，ニューヨーク万国博覧会の約束が丸ごと現実化したかのような繁栄の時代を迎えていた。この繁栄は未曾有だっただけでなく，同時代の諸国に比しても突出していた。この時期，アメリカの工業生産は世界全体の半分に迫っていたのである。[105]

　その1950年代アメリカで，商品購買者の75％を占めていた女性というカテゴリー，なかでも一家の家政を預かる主婦というカテゴリーは，消費のスターとしてもてはやされていた。悪徳栄える都市から自動車で30分程度離れた閑静な地域に，瀟洒な郊外住宅地が次々と開発され，戦場から復員してきた兵士たちとその新家庭を吸収してゆくのに合わせて，女性に好まれるよう開発され，デザインされた様々な消費財が提案され，受け入れられ，それがさらに経済成長を刺激していった。

　自動車は買い物や子供の送り迎えを楽に済ませ，休日を楽しく過ごすために欠かせない道具となっていた。冷蔵庫，洗濯機，掃除機，インスタント食品，粉ミルクや紙オムツは，家事の重労働を軽減してくれた。ラジオやテレビは郊外の居住空間の外で起こることを伝えてくれるようになった。これら消費財の普及率がある水準以上に達すると，企業たちは買い換え需要を喚起するために，機能や性能，価格やデザインを競い合い，あたかも恋の鞘当てをする騎士たちのように主婦に群がり，かしずいた。

　世界中の人々が，雑誌や映画を通して，このようなアメリカン・ウェイ・オブ・ライフを知って驚き，憧れ，あるいは妬んだ。幼子を背負い，洗濯物を手洗いし，その日の食材のために毎日買い物に出かけなければならないのが，アメリカ以外の近代社会の都市に生きる主婦たちにとって当たり前の日常だった時代である。世界中の男性たちもまた，自分の妻や家族にアメリカ人並みの生活水準を授けることを目標に，身を粉にして働いていた。

　しかし当のアメリカ人主婦たちは，そんな世界の眼差しとはかけ離れた自己認識を持ち始めていた。ベティー・フリーダン（1921-2006年）によれば，

---

105) Bairoch, op. cit., p.275.

郊外住宅で，便利で美しい商品群に囲まれ，傍目には何不自由なく暮らしているかのように見える彼女たち自身は，自分たちがひどくおかしな状況に置かれていると感じ，困惑していた。

この苦悩の正体がいったい何なのかはよく分からなかった。自らも郊外に暮らす主婦として，この思いに共感していたフリーダンは，1963年，それに言葉を与えるべく『女らしさの神話』を書いた。この本は，1960年代以降の第二次フェミニズム運動，いわゆるウーマンリブ運動の嚆矢となった。以降，郊外主婦の苦悩の正体は問われ続けている。[106]

得体の知れない苦悩は，様々な仕方で表現された。それは，一日が終わってベッドに横になった時に襲ってくる空虚感だったり，たいした理由があるでもないのに無性に子供たちに感じる腹立たしさだったりした。男性の観点から求められる女らしさへの違和感だったり，自分に個性がないという思いだったりした。[107]

少なくとも確かなのは，それが長らく人類を悩ませていた貧・病・争とは無縁の苦悩だということだった。だから

> もっとお金が，もっと広い家が，もう1台車があれば，もっとよい郊外へ移れば，この悩みは解決するだろうと考える女性は，希望がかなっても，さらに悩みが深刻になっているのに気づくのだ。[108]

多くの人々は苦悩の正体に向き合う術を知らないまま，旧来の問題解決をやみくもに繰り出し，あるいは苦悩する自分自身を責め，事態を悪化させてしまっている。

フリーダン自身は，その原因の大きな部分を，女性に対して社会的に要求される女らしさ規範と，現実の女性の価値意識とのあいだの落差の大きさに求めた。このときアメリカ社会において女らしさ規範の中軸に据えられていたのは，19世紀後半イギリスに形成された，ビートン流の，あの主婦像だった。しかも1950年代アメリカにおける女らしさ規範は，一介の評論家の提案や意見ではなく，心理学や社会調査をはじめとする専門家の権威と，マスメディアと

---

[106] フリーダン『新しい女性の創造』三浦冨美子訳，大和書房，2004年。原題は *The Feminine Mystique*.
[107] フリーダン，同書12-19頁。
[108] フリーダン，同書24頁。

いうマジョリティの権威で武装した，強力な規範だった。デイヴィッド・ハルバースタム（1934-2007年）の要約によれば，その内容は次のようだった。

> 女らしくあるためには，アメリカ女性はまず仕事に就いてはならなかった。もし仕事に就けば……ぎすぎすした攻撃的な性格になり，ほぼ間違いなく孤独な生涯を送ることになる。だが，逆に献身的に育児に励み，夫を支え，常に塵ひとつなく室内を片づけ，……ぴったり定時に夕食を用意し，しかも魅力的で楽天的でありつづければ，すべては巧くいくとされた。各種の調査によれば，若い女性はその母親よりも美しく，スリムで，いい香りを漂わせていることになっていた。[109]

参政権を得，高度な教育機会を得，また，第二次大戦時，工場やオフィスに大規模に動員された母親世代を間近に見てきた1950年代の20代，30代女性たちにとって，この規範が両手を挙げて順応すべきものであろうはずがなかった。彼女たちにとって，主婦になることは，自分の能力を殺すことを意味したし，成長の停止を意味したし，不条理な退屈と倦怠を意味した。

フリーダンによる問題解明はどれくらい的確に，郊外主婦たちの得体の知れない苦悩を解剖し得たのだろうか。24時間開放の無料託児所の開設，妊娠中絶手術の無料化，教育と雇用の完全な男女平等——フリーダンらが組織した1970年8月26日全米女性ストライキにおける要求——は，どれくらいその苦悩を和らげ得たのだろうか。いずれにせよ，フリーダン自身述べているように，重要なのは，的確に解明できたかどうか，適切に克服できたかどうかよりも，解明しよう，克服しようとする意欲を持つことだ。何であれ苦悩には，その存在を主張する資格と責務がある。苦悩の本質からずれた認識に甘んじて自分をごまかしていては，苦悩を真に克服することは不可能なのだから。[110]

いま確認しておくべきは次の三点である。まず，産業化の時代に主婦の規範が生成し，支持されていったのは，産業資本制市場社会の論理に対する，人々の適応の様式としてだった。そもそも市場社会の論理からすれば主婦など不要だ。むしろ賃労働してくれたほうが都合いいだろう。しかし社会の客

---

109) ハルバースタム『ザ・フィフティーズ　第三部』金子宣子訳，新潮文庫，2002年，107頁。
110) フリーダン，前掲書248頁。

観的な構造が変化することは，ただちに，そのなかに暮らす人々の価値意識が変化することを意味しないのである。

　ゆえに最初期には，賃労働の現場に血縁の紐帯が持ち越されていた。主婦の規範があらわれるのは，賃労働の現場から血縁の紐帯が駆逐されてゆく過程においてだった。賃労働の現場が旧来の価値意識が全く通用しない空間になってゆくのに合わせて，こんどは家庭というものが，市場の論理の貫徹しない空間として生み出され，主婦という人間類型が，そのような家庭の番人として生み出されたのだった。

　第二に，この主婦規範は，消費化の進行とともに切り崩されてゆく。消費化の過程で，家庭と主婦の役割とされた多くの領域に，漸次市場の論理が浸透してゆくからである。炊事，皿洗い，洗濯，掃除，育児，教育，保健，介護……。これらが全て代価を支払えば入手できるサービスとなる。利用者が増え，競争が刺激されるほどに，サービスの質は向上し，価格は下がる。フリーダンおよびそれ以降現代に至るまでの諸世代の家庭および主婦が経験しているのは，この事態である。

　第三に，消費化のなかで旧来の役割を漸次失ってゆく女性たちが，主婦であり続けることなどできるはずがない。主婦が守るべき非市場的な空間などもはやほとんどどこにも存在しないのだから。ゆえに彼女たちが賃労働者となることを望むのは当然のことだ。現にフリーダン以降，その傾向は活性化している。

　これら三点が総合的に示しているのは，産業資本制市場社会が現時点の水準にまで自己を貫徹することができるようになるまでには，200年以上の歳月を要したという，平凡だが重要な事実である。

3　性的機能の市場化

　家族というものは，大きく分けて五つの機能を持つとされてきた。性的機能，社会化機能，経済的機能，情緒安定化機能，保健医療機能である。[111] し

---

111) 森岡清美・望月嵩『新しい家族社会学』培風館，1983年，19章。

かし，経済的機能の半分すなわち生産機能は家庭の外で営まれるようになり，残っているのは消費を共にする単位としての機能だけである。子供を社会に適応できるよう訓練する社会化機能は，託児制度や教育制度によってかなりの部分が代替されるようになった。情緒安定化機能，つまり避難所としての機能は，家族成員間のコミュニケーションというよりは〈癒し商品〉がうまく果たすと宣伝されている。保健医療機能も医療制度や福祉制度によって代替できるようになった。

　ということは，家族というものの機能のうち，今現在確実に残っていると言えそうなのは，性的機能，すなわち一組の男女がそこで生殖をおこない，子を産むという機能だけであるようだ。現時点では，多くの人は，家族から他のどんな機能が失われようと，性的機能だけは失われないと思っているだろう。ゆえに，家庭，家族および男女関係に次の大きな変化が訪れるとすれば，それはおそらくこの機能が市場化する局面においてだ。

　じじつ，この可能性は少しずつ開かれつつある。生殖補助医療を用いて出生する人の数は，1980年代以降，特に顕著に増える傾向にある。日本では，不妊治療としてスタンダードな体外受精――精子と卵子を体外で受精させて子宮に着床させる――で出生する新生児の数だけでも，2003年の集計で1万7400人，全新生児に占める割合は1.5％になっている。これは日本産科婦人科学会が，同学会に体外受精の実施登録施設として届け出ている590施設に対しておこなったアンケートの集計結果だから，実際にはもう少し多いかもしれない。[112]

　このタイプの体外受精の場合，精子と卵子は，遺伝上の両親のものを用いるが，そうでない生殖補助医療も実践されている。たとえば日本では1948年以降，男性に起因する不妊症の治療としてAID（非配偶者間人工授精 Artificial Insemination with Donora's Semen）が広くおこなわれてきた。これは第三者の精子を，患者の妻の卵子に受精させる手法で，2005年までに累計1万人以上が出生している。[113]

　不妊治療の経済的負担を軽減するための各種助成金も，現在，特にいわゆ

---

[112]『読売新聞』2005年9月14日朝刊。
[113]『読売新聞』2005年6月6日朝刊。

る少子化問題との関連で都道府県レベルで拡大の傾向にあり，生殖補助医療は今後さらに普及することが予想される。なお，技術的にはすでに，精子だけでなく卵子も第三者のものを用いることが可能だ。性交などという骨の折れる，非効率的で面倒くさい営みなどやめにできる。私たちは家族の性的機能を市場社会に代替させることができる。

4　恋愛結婚

　結婚，性交，生殖，家族について，こんにち近代社会に一応定着していると言えそうな価値意識のパターンは次のようなものだろう。〈一対の男女が恋愛関係にあることを根拠に結婚し，生殖をおこない，子を産む。それが家族だ〉。こんにちでは生殖と結婚の順序が逆になることもあるし，恋愛を根拠とする結婚が生殖をもたらさなくとも咎められることは少なくなった。しかし結婚や性交や生殖の始点に恋愛を据えるという基本的な思考習慣は維持されているとみてよいだろう。つまり恋愛なき結婚や，恋愛なき性交，生殖を，人々はあまり好ましく思っていない。

　では，この価値意識のパターンはどのようにして生み出されたのだろうか。どのようにして恋愛と結婚および生殖が結びつき，いわゆる〈恋愛結婚〉が発生したのだろうか。これはまっとうな疑問だ。なぜなら，結婚と生殖はいつでも順接関係にあったのに対して，恋愛と結婚，恋愛と生殖は，近代のある時点まで，対立関係にあるものとして捉えられて続けていたのだからだ。

　この問題を捉えるために一つの手掛かりになるのは，明治期日本における西洋小説の翻訳過程である。当時の日本人はそこに描かれるラブ，ロマンス，あるいはロマンチック・ラブなるものの翻訳に苦慮し，それまでにはなかった〈恋愛〉という成句を，もっぱら翻訳のために生み出した。現代日本人ならば〈恋愛〉と言えば何か意味が通じたような感覚を抱くことができるし，あるいは翻訳すらしなくともラブといえば足るように思われる。しかし当時は違った。柳父章（1928年－）は次のように指摘している。

　　「恋愛」は，「不潔の連感に富める」「恋」などと違って，上等である。価
　　値が高い，とされている。その違いは，「恋愛」の方が「清く正しく」

「深く魂(ソウル)より愛する」ような意味を持っているからである。[114]

〈恋〉ならば既存の日本語語彙のなかにも存在した。しかしそれは西洋小説のなかにあらわれるラブの翻訳語としては不適切と思われた。なぜなら〈恋〉にはラブにあるような「深く魂より愛する」ような意味がないからだ。万葉以来描かれてきた〈恋〉は,肉体同士の交わりを前提とした男女関係であって,それを欠いた――欠いているがゆえに重視され聖化される――精神的な関係を表現しない。

ヨーロッパではどうだったか。言うところの「深く魂より愛する」恋愛はどのように生成し,どのように結婚および生殖に接続されていったか。ニクラス・ルーマン(1927-98年)によれば,あらまし次のようである。

ヨーロッパにおいて,肉欲や生殖から切り離された恋愛の観念が発達を始めたのは,中世盛期のことだった。このとき,性交を持たず,生殖を目的としない恋愛の当事者は,既婚の貴婦人と騎士だった。つまり恋愛は決して市井の民のすることではなかったし,未婚者同士のすることでもなかった。それは現代風にいえばセレブたちの不倫関係だった。

騎士にとっての恋愛は,精神的試練・鍛錬と解されていた。自分より身分が高く,肉欲と生殖の相手としたくても不可能な貴婦人に対して誠実を尽くし続けることは,主人に対する絶対の忠誠という,騎士として最も重要な素養を培うのに最適と解された。その報酬として騎士が受け取るのは,相手からの愛想よい態度や暖かな言葉だけである。

こうした中世における宮廷恋愛は,近代への転換局面において,精神修養としての意義を薄め,未婚男女間の,技巧を凝らした情熱表現の遊戯へと変化し,その終局に結婚が置かれるようになった。しかしこの情熱恋愛の局面に至っても,恋愛は結婚と順接関係で結びつくとは考えられていなかった。情熱恋愛は,結婚によって終わりを迎えるものと解されたのである。「よい結婚は,……恋愛を伴ったり,恋愛という条件のもとにおかれることを拒む」。「愛するのをやめるには結婚しさえすればよい」。[115]

---

114) 柳父章『翻訳語成立事情』岩波新書,1982年,91頁。
115) Niklas Luhmann, *Love as Passion: The Codification of Intimacy*, Stanford University Press, 1998, p.111, pp.181-82.

ゆえに，この時代（17, 18世紀）の情熱恋愛にとっての最大の関心事は，恋愛の開始から終了までの期間をいかに長引かせ，いかにいちゃつき（焦らし，はぐらかし，思わせぶり）を楽しむかだった。恋愛は自分に対する相手の些細な愛想よさに対する気づきから始まる。ここから，宮廷恋愛に様式を借りた遊戯に入る。遊戯が不測の障害に出会って中断すると，相手に対する情熱が意識されるようになり，恋愛は燃え上がる。目標とするところの性的満足はさまざまの技巧によって遅延させられ，恋人たちはその終局にいたるまでの過程を味わう。

　18, 19世紀，階層性や地縁といった旧来の紐帯が弛緩してゆき，個人が前景に現れた時代，宮廷恋愛以来保たれてきた既知の情熱恋愛の諸作法も解体した。結果，恋愛は，当事者同士が，情熱だけを頼りに，きわめて壊れやすい感情を，きわめて即興的に相互確認する営為へと変化した。ここでは「男女の接近は，大胆に，奔放に，気取らないやり方で，それぞれの置かれた状況に応じて即興的に行われている」。[116]

　このことは，一見すると恋愛の解放のように見えるかもしれない。しかしこのことは同時に，〈このように行動すれば，間違いなく恋愛できる〉と言えるようなマニュアルが全く欠如したまま，互いに神経を擦り減らしつつ，常に暗中模索しなければならないということも意味する。

　情熱だけを頼りにした，マニュアルに準拠できない，きわめて困難で壊れやすい恋愛，これがいわゆるロマンチック・ラブである。ここで初めて，恋愛は性交と両立する可能性を得た。「性交（接触の開始——前戯——クライマックス——感情の静まりと必ず訪れる別れ）とのひそかなアナロジーによってラブ・ストーリーの経過のモデルを構想」[117]する試みが開始される。つまり恋愛への性交の導入は，個々人に恐ろしいほどの負荷を強いるロマンチック・ラブに，再び一定の規矩を与え直そうとする試みだった。

　宮廷恋愛から情熱恋愛へ，そしてロマンチック・ラブへの移行と平行して，結婚と家族の制度が持たされる社会的な機能も大きく変わった。すでに説明したように，もと結婚は，経済的生産の単位としての家族を形成するための

---

116) Luhmann, ibid., p.173.
117) Luhmann, ibid., p.170.

第9章　家庭と女性

基点だった。しかし18世紀以降，労働・生産が家族の居所としての家庭から分離され，19世紀以降，家庭の機能は国家の民政管掌領域の拡大とともに縮小していった。残ったのは，子孫を生み育てる再生産（reproduction）の機能と，労働に向けて男性を慰撫し鼓舞するレクリエーション（recreation）の機能だった。

　性交を取り込むことでようやく生き残った恋愛と，再生産とレクリエーションにまで切り詰められ，身軽になった結婚が，ここで合流した。恋愛結婚の誕生である。

5　家族の崩壊？

　そんなわけで，結婚・家族が，諸機能の国家への移譲と市場化によってさらに身軽になり，また，恋愛が性交との区別をさらに薄めてゆく20世紀の動向を勘案すると，恋愛結婚に基づく再生産単位としての家族が今後も社会制度として長く続いてゆくだろうと考えるのは，あまり現実的とは言えそうにない。しかし過度に怖れるべきではない。

　落合恵美子が指摘するように，

> 「家族崩壊」の予感は，未知への旅立ちの常として確かに恐ろしいが，崩壊するのはたかだか二百年かその半分以下の歴史しかない〈近代家族〉というひとつの家族類型にすぎない。いかなる制度が後に続くにせよ，人々はそれに「家族」という慣れ親しんだ名称を与えるなどして，そこそこ暮らしていくだろう。[118]

そう。恋愛結婚でできる家族など，日本人にとっては「200年かその半分」どころか，その歴史は100年にも満たないのだから。どのように家族を形成してゆくかが，人々の，より自由で創造的な実践に委ねられていることを喜ぶ視点も欲しいし，実際に現代そのような家族実践をおこなっている人々――たとえば同性愛カップル，ステップ家族，高齢者の共同居住など――から学ぶ態度も大切だろう。

---

[118] 落合「〈近代家族〉の誕生と終焉」，加藤・坂本・瀬地山編『フェミニズム・コレクションⅢ』勁草書房，1993年，162頁。

第10章　消費化時代への問題提起

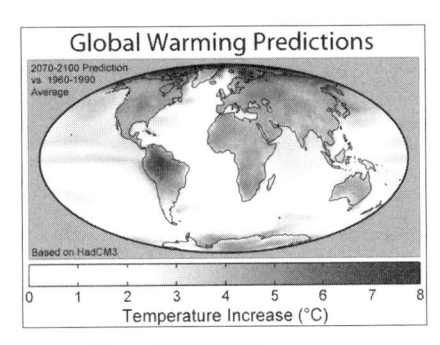

地球温暖化の予測温度分布図

1　死の妙薬

　1960年代には，フリーダンらの第二次フェミニズムだけでなく，学生反乱や反戦運動などの大きな動揺が同時多発的に近代社会を覆った。

　産業のあり方をめぐる新たなタイプの問題提起が為されたのも，この時代だった。なかでも，とくに力があったのは，アメリカの生物ジャーナリスト，レイチェル・カーソン（1907-64年）が62年に出版した『沈黙の春』だった。カーソンは，合成化学物質の大量消費・大量廃棄によって，大規模かつ急激に，自然環境の汚染が進行していること，それが翻って人間の生存を脅かしつつあることを，具体的な商品名とその毒性を説明しながら告発した。

　人々の注意を格別集めたのは，殺虫剤DDTだった。カーソンが告発した当時，DDTはあらゆる病害虫の駆除に有効な万能殺虫剤として，たいへん名高い物質だった。第二次大戦時，連合側が占領地で蔓延していた伝染病を抑え込むためにDDTを用い，大きな効果を挙げた。戦後には，いわゆる第三世界（西側，東側のどちらにも属さない諸国）でも同様の効果を挙げ，乳児死亡率の激減をもたらした。そして，この人道的な貢献が評価されて，1948年，DDTの殺虫性を発見したパウル・ミューラー（スイスの化学企業ガイギ

一社の研究員）がノーベル医学生理学賞を受けるに及び，DDT の名声は確立した。

そのDDTを，カーソンは「死の妙薬（elixir of death）」[119] と呼んだのだから，人々の議論は沸騰した。カーソンによれば，DDT は土壌から河川や海洋へと流れ込み，プランクトンへ，プランクトンを捕食する魚介類へ，魚介類を捕食する哺乳類（人間を含む）へという食物連鎖を辿って蓄積・濃縮され，肝臓，腎臓，甲状腺，睾丸などに障害を及ぼすという。これ以降現在まで，有機水銀，PCB，ダイオキシン，フロン，アスベスト，そして内分泌攪乱物質（環境ホルモン）など，化学的な環境汚染問題が繰り返し提起されることとなった。

1950-60年代，水俣不知火湾付近と新潟阿賀野川流域では，アセトアルデヒド生産工場（チッソ社，昭和電工社）の排水に含まれていた有機水銀がいわゆる水俣病を引き起こし，数万人がその直接の被害にあった。有機水銀の排出規制は，60年代後半から70年代にかけて各国で厳しくなったが，水俣病の民事訴訟は現在（2006年3月）も継続中である。

1930年代に量産ラインに乗ったPCBは，その既知の毒性ゆえに産業・軍事に用途制限がなされていた60年代後半，福岡の食用油工場（カネミ社）の，ライスオイルの製造工程にPCBが混入する事件があり，数千人がその被害にあった。この事件を受けて，やはり60年代後半から70年代にかけて，PCBは各国で生産禁止されるようになった。ただしすでに生産されたPCBの管理，無害化処理にはいまだ多くの困難がある。油症の民事訴訟も，二世被害者の問題を含め未解決である。

アメリカ軍がベトナム戦争（1960-75年）の過程でジャングルに散布した除草剤が含有していたダイオキシンには，発ガン性や催奇形性が指摘された。70年代半ば，セベソ（イタリア）の化学工場の爆発事故によってダイオキシンが4000人以上の人々が住む町に大量に降り注ぎ，パニックを引き起こした。現在でも，ゴミ焼却処分場付近などでダイオキシンが高濃度で検出されるたびに騒動が繰り返されている。

---

[119] カーソン『沈黙の春』青樹簗一訳，新潮文庫，1974年，25頁。

アンモニアや液化天然ガスに替わる冷媒，噴射剤として1930年代に量産ラインに乗ったフロンは，70年代半ば，成層圏オゾン層の破壊をもたらし，皮膚ガンや白内障の増大を招くおそれがあると指摘された。85年「オゾン層保護のためのウィーン条約」，およびその細目を定めた87年の「オゾン層破壊物質に関するモントリオール議定書」が主要国のあいだで取り交わされ，その全廃に向けたプロセスは現在も進行中である。

　軽くて燃えない繊維として古代から知られていたアスベストは合成化学物質ではないが，20世紀後半，建築物や船舶などの耐火性を向上させるための優れた素材として広範に利用されるようになった。1960年代半ば，呼吸を通じて肺に取り込まれると人体に悪影響を与えることが指摘され，主にアスベスト製造・加工に携わった人々の肺ガン，中皮腫が，労働災害認定を受けるようになった。2000年代，その家族や工場周辺住民にも同様の被害が見られることが指摘されるようになった。2005年10月24日に日本政府が発表したところによると，今後国内における被害者は最大８万5000人にのぼると予想される。

　20世紀に開発あるいは実用化された様々な合成化学物質のなかに，ホルモンに似た働きを持つものがあることは，すでに1960年代，カーソンらも指摘していた。しかしそれが広く知られるようになったのは，シーオ・コルボーン（1927年－）らが1996年に出版した『奪われし未来』によってだった。この本は，PCBやダイオキシンだけでなく，プラスチックなど身近な素材に添加されているきわめて微量の合成化学物質が動物（人間を含む）のホルモンの働きを攪乱し，生殖機能などに重大な悪影響を与えていることを主張した。[120] 日本では98年，環境省が環境ホルモンの疑いがあるとして67種類の物質名を公表して以降，順次検証が進められている。

2　化学物質を問題視する視点

　さて，ここで考えてみたいのは，じっさいにこれらの物質が，どのような

---

120) コルボーンほか『奪われし未来』長尾力訳，翔泳社，1997年。

意味でどれほどの程度で有害なのか，はたまた実際にはほぼ無害なのか，有害物質の適切な管理とはどのようなものか，といったことではない。そうした問いが意義深く，答えに値することはもちろんだ。[121] しかしここで重要なのは，化学的な環境・人体汚染の問題が，なぜ20世紀後半を生きる人々にことさら強く訴えかけるのか，である。考えてみたいのは，カーソンらの主張の科学的真偽ではなく，それを受け取る側が，なぜ強く心を揺さぶられ，不満や不安を感じ，事態の改善を切望し，発言や行動を起こし得たのかである。

　もう少し説明しよう。徳岡秀雄が指摘するところによれば，社会学の研究対象は

> 『申し立てられた状態』であって，われわれ社会学者が，進んでその存在について立証したり認定したりすべき状態についてのものではない。
> ……メンバーのクレイムだけが社会問題の唯一の基準である。[122]

つまり，ある現象が，改善すべき問題か否かは，現象そのものの存在や性質ではなく，その現象に接する人々の感受性のあり方によって決まる。たとえば，家に土足で入ることは，日本人にとっては耐え難い愚行だが，ドイツ人にとっては礼儀に適っている。この相違は伝統的な行動様式の相違に由来すると言えるだろう。あるいは，同じように，嫌煙家にとって喫煙は直ちにやめるべき問題行動だが，喫煙家にとっては必ずしもそうでない。この相違は健康や匂いについての価値意識の相違に由来すると言えるだろう。

　同じように，DDTやその他の合成化学物質が存在することや，かくかくしかじかの毒性を持ったり持たなかったりすることは，それ自体として問題なのではない。本章で捉えてみたいのは，それを問題として見いだす私たちの認知構造であり，それが何に由来するかである。

　化学企業や，その生み出す素材に対する人々の問題視は戦前にもあった。しかし戦前と戦後では，クレイムする主体も，クレイミングの内容も手法もかなり異なる。すでに見たように，1930年代のデュポン社を見舞っていたのは，独立自尊・質素清廉を信条とする旧中産階級の価値意識，それを代弁する進歩派によるクレイミングだった。問題の焦点は，企業の巨大化と不正，

---

121) 中西準子・東野晴行編『化学物質のリスクと管理』丸善，2005年。
122) 徳岡『社会病理を考える』世界思想社，1997年，53頁。

潜在的・顕在的敵国への加担に据えられていた。

　このような戦前のクレイムの型と，カーソンを嚆矢とする戦後のクレイムの型は明らかに違う。戦後におけるクレイミングの焦点は，化学物質がエコロジカルな循環をとおして人間一般の生存に対する脅威となる点に置かれている。それは平時であっても，企業首脳が一点の曇りもなく誠実であっても──つまり戦争も不誠実もなしに──起こる。クレイムを提起するのは，戦前におけるような旧中産階級でも進歩派でもない。生物学や化学などのきわめて高度な専門知識を持った科学者であり，その主張を受け取るのは未曾有の物的豊富のなかに置かれた新しい中産階級，いわゆる中流である。

　つまり『沈黙の春』における，クレイミングのヴァージョンアップが暗示しているのは，それに反応する人々の生活様式や価値意識の変化なのだ。戦後，人々は戦前のクレイムの型に強い説得性を感じなくなるほどに変化した。そこで，新しい生活様式や価値意識に対応するクレイムの型が要請されたと考えられる。

　この課題を解くために一つの手掛かりになると思われるのは，フレッド・アフタリオンによる，次の指摘である。

> 多くの一般市民には，複雑な分子構造……のこみいった名称などにうんざりさせられているために，化学は依然として神秘的な存在のままである。この神秘性に加え，化学製品は，多くの人々には"目に見えない"製品である。……今日，一般世論が化学産業とその製品の存在を意識するのは，ガスもれとか，河川へ化学物質が流出した事故などが生じた場合だけになっている。[123]

こんにち，たとえば，〈$C_{10}H_8N_2O_2S_2Zn$〉という化学式を見て，その物質が何であるかをただちに理解できる人は──私自身を含め──少ないだろう。多くの人は，不気味，という印象しか抱かないのではないだろうか。この物質はピリチオン亜鉛，あるいはジンクピリチオンと呼称されるが，それでも何のことやら分からない。

　しかし，〈あなたの使っているシャンプーに添加されている抗菌・抗フケ

---

[123] アフタリオン『国際化学産業史』柳田博明訳，日経サイエンス社，1993年，7頁。

第10章　消費化時代への問題提起

剤〉と言われたならばどうだろうか。途端に少し理解できたような気がしてくるだろう。それと同時に，当初感じていた警戒感が少し薄まって，安心感が沸いてくる。そうでなければ逆に，自分の使っているシャンプーにそんな不気味なものが混入しているのは嫌だという気がして捨てたくなるかもしれない。

いずれにせよ，現代，私たちが化学企業が生産する素材に注意を向けるとき，関心の焦点は，その素材がどのような化学的組成をもっているかではない。その素材がどのように日々の暮らしに利益・不利益をもたらすかに限られている。いま私にとって，自分が指で叩いているものが，〈CH_2の重合〉，ポリエチレンかどうかは重要でない。私にとって重要なのは，それが〈キーボード〉かどうかであり，パソコンに文字を入力するための道具としてちゃんと役立っているかどうかだ。というか，その存在に改めて注意を向けるのは，役立っているとき（利益をもたらすとき）ではなく，役立たなくなったとき（不利益をもたらすとき）に限られているのである。

現代の化学産業は，文字通りあらゆる他の諸産業が——ゆえに私たちの当たり前の暮らしが——成立するための前提となる諸素材を提供する立場にある。そうなることができたのは，言わば，化学企業が生産する物質の化学式の世界と，それを購入し使用する人々の常識とのあいだのギャップを，後者（人々の用途）のほうに明らかに偏った手法で埋めてきたためである。すでに私たちはその実例を知っている。そう。ナイロンである。

1939年のアメリカ人がナイロンをあれほど熱狂的に歓迎できたのは，それがストッキングだったからであって，〈$\{CO(CH_2)_4COHN(CH_2)_6NH\}_n$〉だったからではなかった。かりに化学産業が，あくまで化学式の世界を押し通そうとしたならば，人々はその〈分からなさ〉ゆえに躊躇することとなったはずだ。このデュポン的な手法が，戦後，消費化の破竹の進展を可能にした。その結果，現代，私たちはふだん，〈CH_2の重合〉をキーボードとして，〈$C_{10}H_8N_2O_2S_2Zn$〉をフケ防止剤として，そうと知ることもなしに受け入れているのである。

そう考えてみれば，もう課題に対する答えはあらかた出ているも同然だ。カーソンやコルボーンらのクレイミングは人々の心を強く揺さぶる。それは，

用途しか知らされないがゆえに，諸素材を心おきなく大量に買い，使い，捨てるという消費化時代の規範にしたがうことができている人々に，そのウラ側，つまり不気味——常識的意識にとって——な化学式の世界を見せるからである。これを軸にするからこそ，主張されるところの生命への脅威が，鮮烈な驚きをもって受け入れられる。〈物は大事に使うべきだ〉という伝統的な規範意識や，〈人間に汚されない自然は美しい〉といった美意識，〈そんな物質が存在しなかった昔は良かった〉という懐古志向などなど，多様な価値意識を結集させることができる。

そういえばリースマンは言っていた。〈他人志向型〉の時代，消費化の時代には，市民的諸課題に無関心な人々が大量に生み出されるが，その一方で，新しいタイプのコミットメントの形式も生み出される，と。それは内幕情報屋である。「内幕情報屋は政治の中にある種のリアリズムを持ち込む。……内幕情報屋たちの中にはおびただしい数の専門家たちが含まれている」[124]。内幕情報屋は〈オモテだけみればきれいに整えられているように見える日々の暮らしだが，そのウラには，ほとんどの人が知らない○○がある〉と，専門家でなければ分からない知識を駆使して人々に訴えかける。

誤解のないように断っておくが，そうだから合成化学物質の規制や管理についての議論は取るに足らないとか，クレイマーたちはありもしない脅威を大袈裟に言い立てて，人心をいたずらに不安に陥れているのだとか言っているのではない。むしろ，ある意味，逆なのだ。

たとえばカーソンやコルボーンらが主張した様々な合成化学物質の毒性疑惑が，すべて，科学的に，かりに，——かりに，である——杞憂にすぎなかったとしても，それは彼女たちの主張の脆弱性を意味しない。毒性や有害性が疑われた物質が，かりにシロ判定されたからといって，それによって，ふつうの人々に分からない化学式の世界が縮小するわけではないし，いわんや消えてなくなるわけではないのだから。

カーソンとコルボーンが共通して〈知る権利〉に注意を向けたのはきわめて意義深い。これは，彼女たちが，化学式の世界と，人々の日常意識のあい

---

124) リースマン，前掲書171頁。

だの，消費化時代における関係様式のあり方にこそ，大きな問題があることに気づいていた証拠であり，それこそ本節を通じて我々が理解すべきことである。じっさいに人々が〈知る権利〉の行使によって，自身の畏怖を軽減・払拭できるのかどうかは分からない。しかし一つの努力の方向性として，本質的な間違いがあるわけではなかろう。

3　地球温暖化

目下，環境問題として最も人々の耳目をひきつけているのは，いわゆる地球温暖化問題だろう。

2001年，IPCC（気候変動に関する政府間パネル Inter-governmental Panel on Climate Change）が発表した第三回アセスメントによると，過去140年のあいだに，地球表面の平均気温は，摂氏0.8度上昇した。これは大気における，二酸化炭素をはじめとする温室効果ガスの濃度が高まった結果と考えられる。

IPCCが主張するには，現在地球の大気の二酸化炭素濃度は，1750年時点に比べて約31％上昇しており，これは過去42万年で最高である。もしかすると過去2億年で最高の濃度である可能性すらある。過去20年間における人間活動による二酸化炭素の放出のうち約4分の3は化石燃料の燃焼に起因し，残りのほとんどは森林の焼失によると考えられる。

IPCCは，このままだと，2100年までに地球の平均気温は最大で摂氏約5度，最小でも約1度上昇し，その結果，海面は最大で平均約0.8メートル，最小で平均約0.2メートル上昇することを予測している。特に海に面し，海抜の低い地域では，土地の深刻な減少が予想される。その他にも，熱帯感染症の拡大，旱魃の多発，ハリケーンの大型化，モンスーンの変化などが予想されている。

このような現象がもたらす諸被害を回避するために，温室効果ガスの排出を，主権国家群の連携によって抑制することが効果的だと考えられ，1992年，地球大気の温室効果ガス濃度を安定化させることを目標とする，国際連合気候変動枠組条約が155カ国によって署名された（1994年発効）。97年，その具

体的な細目を定めた京都議定書（気候変動に関する国際連合枠組条約の京都議定書）が，COP3（第三回締約国会議，The Conference of Parties）において議定され，2005年発効した。

京都議定書は，主に，いわゆる先進諸国における，温室効果ガス排出量の削減目標を，1990年の各国の排出量を基準として国ごとに定め，2008年から12年までのあいだの達成を求めている。日本の削減目標は6％（03年を基準とすると，削減目標は14％），EUは8％，アメリカは7％である。世界最大の温室効果ガス排出国であるアメリカはこの議定書を承認せず，06年，日本，中国，インド，韓国，そして，アメリカとともに京都議定書を承認しないオーストラリアとのあいだに「クリーン開発と気候に関するアジア太平洋パートナーシップ」を結成した。

この，地球温暖化問題についても，前節の延長線上で，科学論争にも道徳の応酬にも陥らない解釈を与えることができる。[125]

地球温暖化問題のクレイミングは，カーソン以降の手法を基本的に踏襲し，応用していると言える。この問題が人々の心を強く揺さぶるのは，〈オモテだけを見ると，便利でかわいく，心地よい消費財を提供してくれている産業が，じつは，自分の知らないウラ側で自分の首を絞めている〉という構図を踏襲して提起されているためだ。

異なるのは，第一に，提起される問題物質が，合成化学物質ではなく，自然界にありふれており，義務教育を受けた人ならおそらく誰でも組成や性質を知っている無機物，つまり二酸化炭素に焦点化されている点である。この提示手法の転回によって，1960年代以降の合成化学物質の問題化をとおして蓄積・錬成してきた手法を，今度は化学産業だけでなく，産業全般に対する問題提起へと拡大・応用し，成功を収めている。

第二に，過去の問題提起に対して産業側が蓄積・錬成してきた対処の手法も，大規模かつ組織的に応用され，成功を収めつつある点である。要するに，クレイミングを潜在的需要として捉え，消費化のスキームに積極的に組み込

---

[125] 環境問題における科学論争と道徳の応酬については，『毎日新聞』2005年11月29日，12月6日，12月16日朝刊「記者の目」。薬師院仁志『地球温暖化論への挑戦』八千代出版，2002年。ビョルン・ロンボルグ『環境危機をあおってはいけない』（原題は *The Skeptical Environmentalist*）山形浩生訳，文藝春秋，2003年。

第10章　消費化時代への問題提起　　121

む試みが体系的におこなわれている。自動車産業や家電産業，建築業，電力業などは，二酸化炭素排出の抑制をはかる技術革新にしのぎを削り，エコロジーを意識した企業イメージづくり，商品プレゼンテーションをおこなっている。そうすることによって，人々に買い換えを勧めている。私ははっきりと指摘された事例を寡聞にして知らないが，この点，10年単位で見ると，今後のアメリカの民生品製造業は，日本やEUの製造業からさらに引き離される公算が大きい。

　第三に，この問題提起が，主権国家という単位を明らかに超えた範囲に生きている人々の共通感覚に，実体を与え始めている点である。第二次大戦後，超国家的な人間関係への想像力が，人々のあいだに醸成されたのは，主権国家群のブロック化によって，ブロック内の移動やコミュニケーションが促進されたこと，そして産業資本制市場社会の消費化によって，愛好する消費財の共通化，あるいは飛び地状の共有が可能になったことである。地球温暖化問題に対して人々が示す強い反応は，その現代における一つの効果だと言える。

4　滅亡への合理的選択

　現代では，クレイミングの更なるヴァージョンアップを模索する動きも現れ始めている。その傑出した一例を挙げれば，小林和之は，「未来は値するか──滅亡へのストラテジー」と題した論文のなかで，次のようなきわめて興味深いクレイミングと，課題克服の方途を提示している。

　小林によれば，環境問題をはじめ，現代の産業が抱える諸問題をめぐるこれまでの諸議論は，共通して一つの思いこみに縛られている。それは〈人類滅亡は絶対に回避しなければならない〉という思いこみである。

　なぜ人類は滅亡してはいけないのだろうか。いいではないか。照準すべき課題は，未来の人類などという抽象的なものの，ゆえなき死の可能性のような曖昧なものではなく，生きている人々の生命と財産の保護であり，その増進ではないのか。

　現在生きている人々が，指摘される諸問題の結果，ゆえなくして実際に死

にゆくことと，未来に産まれくる人々が同じように，ないしより悲惨な仕方で死にゆくことの可能性を秤にかけた場合，重いのは前者ではないのか。まだ産まれてもいない人々の生命と財産の保護のために，なぜ現在生きている人々が，効果の定かでないコストを支払わなければならないのか。コストを支払う以前に，未来に産まれくる人々を実際に産むかどうかは，現在生きている個々の人々の選択にかかっているにもかかわらず。

　これまでの諸議論が共通して主張してきたように，あるいはそれ以上に，諸問題は深刻だ。消費化時代を生きる人々が，現在享受している安楽や快適や利便を自発的に手放すと考えるのは楽観的すぎる。産業のウラを知ろうと努めると考えるのも楽観的すぎる。安楽や快適を手放さず，知る権利など頓着しなくとも済む解決の方策を考えなければならない。

　〈人類存続絶対死守〉の思いこみを解除しさえするならば，指摘されている諸問題は〈いかに生活水準を落とすことなく（むしろ向上させながら），また倫理にもとらない仕方で，計画的な滅亡に向けて，人口を減らすか〉という，相対的に解きやすい問題へと変換できる。

　高度に統合された現代の主権国家においては，政策的に生殖に対する負のインセンティブを与えれば，人口をかなり確実に減らすことができる。たとえば産む子の数に応じた環境負荷税を導入することが考えられる。コストを支払いたくなければ産まなければよいし，産むなら環境負荷のコストを支払えばよい。もちろん，それに伴って人口は高齢化し，労働力人口は減少するから，産業の衰退や消費水準の低下が予想される。しかしそれも，遙かに劣悪な状況にあえいでいる低開発国からの労働移民の受け入れによって補うことができる。

　このように，人類存亡を個々人の選択の集積に還元できる制度を構築できれば，生きている万人にとって利益になる。存続を選ぶ（子をたくさんもうける）者は，滅亡を選ぶ者が子を作らず，人口が減少するぶんだけ環境負荷コストが軽減される点で利益を得る。滅亡を選ぶ（全く子をもうけない）者は，環境負荷税を全く免れる点で利益を得る。両極の中間の選択をする（少なく子をもうける）者は，前二者の利益をすこしずつ受ける。かくして人類

は整然と〈安楽死〉を迎えることができる。[126]

　小林のこの所論は，いまのところ大きな議論を巻き起こしてはいない。それがなぜなのか，あるいは今後受け入れられるのかを見極めるには時間が必要だ。しかし，少なくとも確かなのは，小林の主張が，こんにち問題解決プログラムとして提示されている答案のほとんどが，実は，破局を遅延させるものでしかないことを分からせてくれる点だ。

　問題解決の必要性を訴えるために，論者たちはしばしば〈将来世代のために〉というキャッチコピーを用いる。しかし小林の視点を得ると，その言辞がむしろ論者たちの立論を根底から脅かしているのが分かる。たとえば，〈限りある資源を大切に〉と言ったところで，資源がいつか枯渇の時を迎えることにかわりはない。破局に遭遇する〈将来世代〉を，自分からなるべく遠ざけようとする利己的な動機が，ここには働いている。〈子や孫が破局的な事態に見舞われるのはかわいそうだ。しかし五世代くらい後なら，さほどかわいそうとは思わない〉と。

　小林論文が分からせてくれるのは，現代の環境問題クレイムが，かつてよりも遙かに深い水準での思想的な錬成と結晶化を必要とし始めていることである。

---

126) 小林「未来は値するか」，井上・嶋・松浦編『法の臨界Ⅲ　法実践への提言』東京大学出版会，1999年所収。

第11章　情報化

ラジオを活用したローズヴェルト

1　情報化が社会を変える？

　1990年代後半，〈IT革命〉なる新造語や，〈インターネットが社会を変える〉といった謳い文句が一世を風靡したのを覚えているだろうか。情報技術の開発や普及が社会のきわめて深い水準における変容をもたらすという主張は，しかし，90年代に突然現れたわけではない。それがはっきりと指摘されるようになったのは，1960年代前半のことだった。

　この時期，三つの先駆的な業績が世に出た。フリッツ・マッハルプ（1902-83年）が62年に刊行した『知識産業』，マーシャル・マクルーハン（1911-80年）が同じく62年に刊行した『グーテンベルクの銀河系』，そして梅棹忠夫（1920年－）が63年に発表した論説「情報産業論――きたるべき外胚葉産業時代の夜明け」である。

　マッハルプは，道具的，知的，娯楽的な知識の生産と流通によって生み出される富が，1950年代末のアメリカでは国民総生産の30％に迫っていると主張した。[127] 梅棹の文明論は，社会変容を人間の受精卵から出生に至るまでの

---

[127] マッハルプ『知識産業』高橋達男・木田宏共監訳，産業能率短期大学出版部，1969年。

発達三段階(農業・内胚葉の段階,工業・中胚葉の段階,情報産業・外胚葉の段階)と類比し,その最終段階に情報産業時代が訪れると主張した。[128]

マッハルプの知識産業論も梅棹の情報文明論も,その後に大きな影響を与えた。しかし,その二者と比べものにならないほどの格段に大きな影響を与えたのは,マクルーハンだった。マクルーハンのメディア理論は,言わばマッハルプの実証性と,梅棹の俯瞰性を両立させ,人類の歴史をコミュニケーション・メディアの変遷から説明する,壮大で斬新な試みだった。

その概要を説明すると,次のようになる。メディアは,第一に聴覚に依存する段階,第二に視覚を活用する段階,第三に電気・電子的なメディアの段階というふうに発展してきた。そのようなメディアの発展とともに,人々の意識や社会のあり方は変化してきた。

聴覚依存段階では,人々の情報伝達の範囲は対面関係を超えることがないため,社会の単位は小さく,人々の結びつきは強い。これがいわゆる先史時代に相当する。

視覚活用段階では,文字というメディアが情報伝達の時間的・空間的な範囲を広げ,広大な空間に散在する人々を中央集権的に統制する社会が現れる。これが直接の親密な結びつきの重要性を希薄化させるぶん,人々は個人として自らを意識しはじめる。これが古代と中世に相当する。

視覚活用段階は,活版印刷術が文書の大量で正確な複製を実現すると,高度に洗練された。これによって〈自由にして平等〉な個人が極度に先鋭に意識されるようになり,中央集権的な統合も著しく進展した。これが近代に相当する。

しかし,電気・電子的段階を迎え,情報伝達の範囲が地球大に拡張されるに至ると,個人とその中央集権的統合は崩れてゆく。電話やラジオがもたらす,視覚中心のコミュニケーションから聴覚中心のコミュニケーションへの再転回は,一種の先祖返りをもたらす。人々は,あたかも地球大の村に住んでいるかのように互いに強い絆で結ばれ合うようになる。これが20世紀以降,進行中の過程である。

---

128) 梅棹「情報産業論」,『朝日放送』1963年1月号, 4-17頁。

電磁波の発見が，社会のあらゆる面に，同時的な「場」を再創造した結果，人間家族は，いまや「全地球的規模の村落」という状況に置かれているのである。[129]

マクルーハンのメディア理論と社会変革の将来見通しを範型として，その後，豊富なヴァリエーションが生み出されてきた。その1990年代後半における代表例が，〈IT革命〉であり，〈インターネットが社会を変える〉だった。

しかし情報化はほんとうに社会を変えるのだろうか。本書の答えは基本的にノーである。社会というものを，主権国家と産業資本制市場社会の複合体と捉えるかぎり，ノーである。

活版印刷ができたからと言って，それがただちに大衆的規模で普及したわけではないし，近代国家の理念としての，諸個人の〈自由〉や〈平等〉という思想の出現の原因だったとは言えない。因果論にこだわるならば，真相は逆であるというほかない。近代国家が提供する国民皆教育制度あってこそ，そのような技術革新の成果を享受できる人々が大量に生み出されたのだ。

20世紀，ラジオを嚆矢とする電気・電子的メディアが，国境を越えたコミュニケーションの可能性を著しく高めたことは本当だ。しかしそれが，出版（書籍，新聞，雑誌など press）とは異なる放送（broadcasting）として把握され，各国家による強力な統制を受けながら大衆的メディアへと育てあげられてきたことも見るべきだろう。そのような傾向が比較的弱かったアメリカでも，ラジオは，本格的な普及期に入った1920年代，出版から切り離されるに至った。アメリカ合州国憲法第一修正条項（1791年）によると「連邦議会は，……言論（speech）または出版（press）の自由を制限する法律……を制定してはならない」のだが，放送としてのラジオ，そしてその延長線上でテレビも，この条項の適用から除外された。

おそらくマクルーハンの構想を可能にした最大の要因は，彼の世代が，当初無規制だった電気・電子的メディアの利用が次第に諸国家による統制を受けてゆく過程を，同時代的経験として知っていることだろう。最先端技術に

---

129) マクルーハン『グーテンベルクの銀河系』高儀進訳，竹内書店，1968年，81頁。

敏感な少数の富裕インテリたちが，自由に無線コミュニケーションの未開領域を開拓することができた時期，何処に居るともどんな人ともしれない者どうしが，好奇心に駆られ，善意の情報交換をおこなうことができたのだろう。特に20世紀初頭の技術革新によって可能になった音声による無線通信（それまではモールス信号）は，書籍や新聞などの印刷物を介するコミュニケーションと異なり，互いのあいだにたいへん親密な雰囲気を醸し出す。

　これと関連して，もう一つ，彼の世代は，マスメディアになったラジオに深く親しんだ最初の世代でもあった。テレビがラジオを駆逐し去ったようにみえる現代からはちょっと想像しにくいが，ラジオは20世紀のかなり長い期間，人々の心を深く捉え続けた。これについての証言にはこと欠かないが，代表的な例として，第32代アメリカ大統領フランクリン・D. ローズヴェルト（1882-1945年）による「炉端のおしゃべり（fireside chat　炉辺談話）」をめぐる逸話がある。

　ローズヴェルトは，意図したとおりに記事を書いてくれない印刷ジャーナリズムの頭越しに，国民に向けて自らの政策を訴えるために，ラジオを活用した。彼自身のナレーションによるラジオ番組「炉端のおしゃべり」は，1933年から44年までのあいだ，30回にわたって放送された。人々がラジオというものを，手仕事の友として，夜の団欒を盛り上げてくれる愉快な客として，あるいは就寝前の穏やかな時間を演出してくれる出張ピアニストとして遇していることを見越してのことだ。

　ローズヴェルト政権の労働相として，アメリカ初の女性閣僚となったフランシス・パーキンス（1888-1965年）は，「炉端のおしゃべり」を振り返って次のように述べている。

> ラジオのまわりに集う男女のなかには，彼〔ローズヴェルト〕を好かない者や，その政策に批判的な者もいたが，誰もが共感と友情に満ちた楽しく幸せな気持ちで聞いていた。ラジオ……を介した，彼らと彼〔ローズヴェルト〕のあいだのやりとりはきわめてリアルだった。私は彼らが涙をこぼすのを目にした……。その涙は心の底からの尊敬や共感から出たものだった。……国中で，ラジオの周りに集まった人々から彼〔ローズヴェルト〕に向けられた笑いには，自然な，真心からの情愛がこもっ

ていた。[130]

　同様の証言は，マクルーハンと同い年の第40代大統領ロナルド・レーガン (1911-2004年) の自伝にも見られる。

> ラジオを通じた炉辺談話の際，彼〔ローズヴェルト〕の強く，優しい，自信に満ちた声は雄弁に国中に響きわたって，嵐でもみくちゃになった国民に活気と立ち直りへの力をもたらし，どんな難問にもうち勝てるのだという自信をわれわれに植え付けた。[131]

数え上げることができない膨大な人々が，ローズヴェルトのおしゃべりを聞き，楽しんでいた。互いに見知らぬ人々が，ローズヴェルトの声に対して，同じ瞬間に同じ感情を抱いていることを思い，特別の感興を味わっていた。ラジオというマスメディアが，受け手たちのあいだに，いかに濃密で情緒にあふれた一体感を生み出していたかが分かる。

2　日常習慣の変容

　佐藤俊樹は，1960年代から90年代半ばまでの情報化社会論を振り返って，次のように述べている。

> たとえていえば，情報化社会論自体が流行という波の上でサーフィンをやっているのである。新技術の大波がやって来るたびに，未来社会イメージが入れ換わるたびに，次々にそれに乗り移っていく。……モデルチェンジをくり返しながら，「この新技術で社会はこうなる！」と売り込んでいるのである。[132]

辛辣な表現だが，たぶんその通りだ。情報化は社会を変えるか。答えをイエスとすることができるのは，変わる社会なるものを，主権国家・産業資本制市場社会の複合体それ自体ではなく，それを支えるスキームや，スキームの枠内でおこなわれる諸活動として理解する場合だろう。この考え方によれば，郵便制度や鉄道網の整備も社会を変えたことになる。この考え方によれば，

---

130) Frances Perkins, *The Roosevelt I Knew*, The Viking Press, 1946, p.72. 〔　〕内引用者．
131) レーガン『わがアメリカンドリーム――レーガン回想録』尾崎浩訳, 読売新聞社, 1993年, 86頁．〔　〕内引用者．
132) 佐藤『ノイマンの夢・近代の欲望』講談社選書メチエ, 1996年, 211-12頁．

消費化した資本制市場社会がもたらすさまざまな商品の技術革新やデザイン変更のいちいちも，おそらく社会変革だろうから，情報化はかなり大きな社会変革であることになる。

　それはそれとしての重要性を持つ。日常生活者の視点に立つと，開発された情報技術が商品として普及する過程に，必ず暮らしの具体的なディテイルに変更を迫られることが重要だろう。たとえば，子供のあいだに家庭用ビデオゲーム機が普及したことによって生活習慣が変わったと，しばしば言われる——体を動かして遊ばなくなったとか，会話が減ったとか——。あるいは，職場で用いるコンピュータのソフトウェアがヴァージョンアップされたがために，今まで慣れ親しんだ仕事のやり方に変更を強いられた経験をお持ちの方も少なくないだろう。そのような変化に器用に対応し，便利に楽しく過ごせる人と，そうでない人とのあいだの格差も，しばしば指摘されるところだ。

　しかしこのタイプの畏怖の経験は，情報化が固有にもたらすものではない。消費化時代を生きる人間一般がこのタイプの畏怖を経験する。消費化時代，過剰生産が恒常化するなか，商品は必ず，人々の日常の習慣を揺るがすように提案される。人々のあいだに購買行動を引き起こす最初のきっかけを確保するためだ。現行の習慣の好ましくないイメージを，新習慣の好ましいイメージと対比し，後者への変更を勧める。

　ドロドロ血液はサラサラになるのが好ましい。雑菌だらけの便器は除菌でキレイに，面倒操作のビデオは一発録画になるのが好ましい。かくして慣れ親しんだ日常が，おぞましく奇怪な暮らしへと変換される。情報化商品の提案にも，とうぜん同じ手法が用いられているし，今後も用いられ続けるだろう。

　マクルーハンも言っている。

　　われわれの最も普通で慣習的な態度は，突如として化け物じみた奇怪なものに見え……るのである。どんな社会にでも新しいメディアがもたらされると当然の結果として起こってくるこれらの数多くの変化を，われわれは特に研究する必要がある。[133]

---

133) マクルーハン，前掲書519頁。

3　消費化した産業資本制市場社会の情報化

　なお，情報化を，消費化スキームの質的な変化として捉えることもできる。1930年代の危機を，消費化によって乗り切った資本制市場社会は，60年代以降，DDTから二酸化炭素にいたる新たなタイプのクレイムに出会ったのだった。このコンテキストに引きつけて捉えてみると，情報化とは，消費化した資本制市場社会のスキームの枠内で，言われるような脅威を総合的に抑え込むための，物質利用総量抑制の一手法だと言える。つまり，消費化スキームとの関連で捉えた場合，情報化とは，コンピュータとそのネットワークによる，物質利用の効率化・最適化と，商品自体の，かぎりない非物質化のことだと言えるだろう。

　直感的に分かりやすく言えば次のことだ。ここに，ある商品を生産する工場，その商品を小売店に卸す問屋，商品を消費者に売る小売店，そして三者を媒介する運送屋がいるとする。小売店で一日あたりその商品がどれだけ売れているかの情報を，この四者がリアルタイムで共有できれば，無駄な生産，在庫，運送，陳列を防ぐことができる。

　たとえば音楽という商品は，必ずしも100グラムのビニールでできたレコード盤を必要としない。20グラムのポリカーボネートを主成分とするCD盤でも，5グラムのシリコンを主成分とするDRAMでもよい。

　環境省『環境白書』によれば，1990年度に約23.7億トンだった我が国の物質利用総量は，2000年度には約21.3億トンとなった。10年間で約10％の減少である。[134] それに対して，内閣府『国民経済計算』によると，この同じ10年間における国内総生産の成長率はプラス10％以上である。物質利用総量の減少とGDPの増大が両立している。

　この現象の小さくない部分が，POSシステム（Point of Sales System）などによる生産と流通の効率化，コンピュータや携帯電話のソフトウェア業，ネットワーク業の成長，そのほか，レジャーや教育，金融業など，非物質的なサービスを主な商品とする諸産業の成長によって説明できるだろう。経済産

---

[134] 次頁の図表は平成15年版『環境白書』より転載。

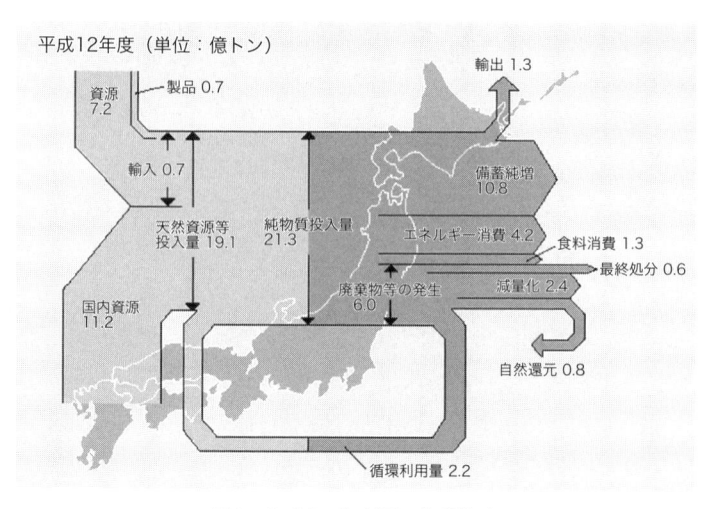

図1-1-12 わが国の物質収支
注:産出側の送料は,水分の取り込み等があるため総物質投入量より大きくなる。
資料:各種統計より環境省作成

業省『特定サービス産業実態調査』によると,情報サービス業の売上高は1994年から2003年までのあいだに100％以上の伸びを示している。国土交通省『観光白書』によると,国民一人あたりの年間宿泊観光旅行回数は91年の1.73回をピークに減少傾向にあり,04年では1.18回となっているが,国民が今後の生活の力点としたい活動として挙げているのは90年代初頭から一貫して〈レジャー・余暇生活〉が最も多く,今後もこの分野の成長が見込まれる。

今後は,介護福祉関連産業をはじめ,心理カウンセリングや法律相談などにも同様の成長が見込まれる。厚生労働省『介護給付費実態調査』によると,2004年に介護保険制度がスタートして以降,07年までの給付費総額の伸び率はじつに約50％（04年約3.2兆円,07年約4.8兆円）である。

くどい繰り返しになるが,そういうわけだから,べつに情報化が二大フォーマットそれ自体の根本的な改訂をもたらすわけではない。資本制市場社会の消費化スキームが,情報化への質的な修整によって延命可能性を高めているだけである。

第12章 グローバル化

炎上する世界貿易センター（2001.9.11）

1　市場社会の拡大と深化

　市場は，その本質上，領域限定的なものでなく，領域＝間的なものだ。財を取り引きする双方がどれだけ利益を得ることができるかは，互いの生活条件や慣習がどれだけ異なるかに大きく左右されるからである——同じ量の同じ財を生産する二つの経済単位のあいだで交易しても利益は全く生まれない——。古代や中世における地中海交易，シルクロード交易を見れば明らかなように，市場は，言わば，元来グローバルな性質を持っている。

　近代における産業化の過程では，かつてない数の人々の，かつてない深度における市場への組み込み，ゆえに市場のグローバリティーへの組み込みが起こった。経済の最小単位が地縁・血縁共同体から個人に向かって分解されてゆくと同時に，そのように細分化された経済単位たちが，広大な範囲に統合されてゆく産業資本制市場社会のなかで，高度に相互依存的な関係を結んでいった。

　こんにち，〈グローバル化〉という語がことさらキーワードとして浮上しているのは，20世紀後半，主権国家群の二大ブロックのなかで進展してきた経済的統合がいちおうの完成を迎えたのに加え，東側ブロックの解体によっ

て，1990年代以降，市場が持っているグローバリティーを抑制する大規模な障壁が事実上消滅したためだろう。

国際連合統計部『1990年ドル換算による全地域GPD』によれば，1970年から2003年までのあいだに世界GDP総額は約274％成長したが，その同じ期間に世界貿易総額はその2.7倍増大した。1990年から2003年までに限ると，世界GDPが39％成長したのに対し，世界貿易総額の成長は，じつにその3.6倍にのぼる。90年代からいかに市場の成長，諸地域の相互依存の進展がテンポを速めているかがよく分かる。[135]

現在，多くの企業たちは世界各地に生産・販売拠点を置き，最適生産と顧客獲得の競争を繰り広げている。世界中至るところで日本製のなにがしかの工業製品をみかけるし，日本人のほとんどが外国製品を購買していることだろう。

経済を考えるにあたって，国家は自律的な単位としてあまり重要な意味を持たなくなっている。内閣府『国民経済計算』によれば，日本における貿易収支を金額ベースで見ると，2004年度GDP比で輸入は約12％，輸出は約14％にのぼる。同じ貿易収支を重量ベースでみると，環境省『環境白書』によれば，2000年の日本における年間物質投入総量のうち約37％が輸入，約6％が輸出されている。[136]

国境を跨いだ人的移動も活発化している。法務省『出入国管理』によれば，

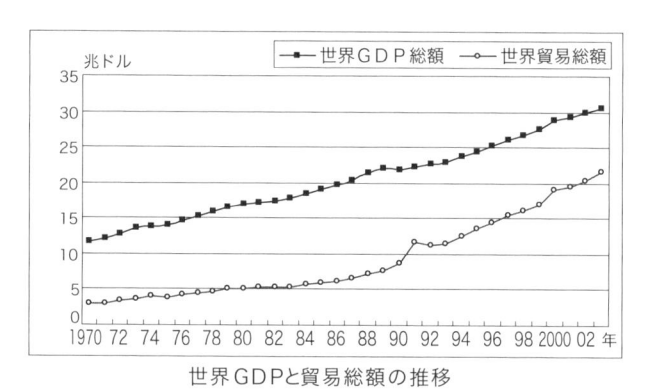

世界GDPと貿易総額の推移

---

135) グラフは『1990年ドル換算による全地域ＧＰＤ』より作成。
136) 132頁に前掲の図を参照。

2005年日本に入国した外国人は約745.1万人，日本を出国した日本人は約1740.4万人であり，いずれも1980年時点と比較すると3倍以上である。

日本における外国人の就労状況については信頼できる統計が存在しないが，同『入国管理』によれば，2005年の外国人登録者のうち就労を目的とする者は19.2万人，研修を目的とする者は5.4万人である。厚生労働省『外国人雇用状況報告』によれば，05年における外国人労働者の数は34.3万人であり，1990年時点の約3.5倍である。出身地域別でみると，この10年，東アジア出身者の増加が目立ち，その多くが生産工程作業員として雇用されている。通商産業省『通商白書』によれば，03年日本で就労する外国人の数は78.7万人であり，やはり90年時点の約3倍である。[137]

2　グローバル化のなかの主権国家

近年，産業資本制市場社会のこのようなグローバル化が，主権国家あるいは国民国家を衰退させているという主張がおこなわれている。その傑出した論者，アントニオ・ネグリとマイケル・ハートによれば，

　　国民国家の主権はしだいに衰退（decline）してきている。生産と交換の基本的諸要素――マネー，テクノロジー，ヒト，モノ――は，国境を越

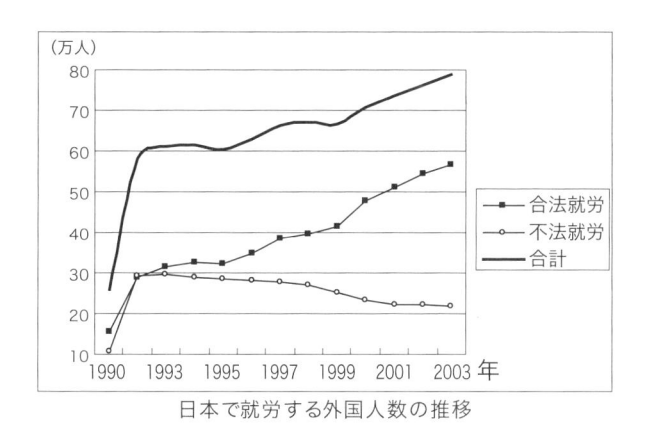

日本で就労する外国人数の推移

---

[137]　グラフは平成17年版『通商白書』より左古が作成。

えてますます容易に移動するようになっており，またそのため国民国家は，それらの流れを規制したり，経済にその権威を押しつけたりする力を徐々に失ってきているのだ。[138]

　グローバル化のなかで，単独の国家による経済の把握や統制は格段に難しくなった，というか，たいした効果を持たないと感じられるようになった。諸国が束になっても，市場の動向を統制することは，じっさい困難だ。たとえば1990年代前半の急激な円高・ドル安・ポンド安局面において，日米欧の中央銀行が協調して市場介入をおこなったにもかかわらず，変動の食い止めに失敗した。もっと記憶に新しいところでは，97-98年のアジア通貨危機において，タイ政府は外貨準備を完全に放出してバーツを買い支え，また国際金融機関と諸国の協調が図られたにもかかわらず，バーツ暴落も，アセアン諸国と韓国の連鎖的な通貨危機も阻止できなかった。

　国境を跨いだ人的移動や再定着を統制することも難しくなったと言われる。法務省『入国管理』は，2004年時点の日本において，不法入国・不法上陸のすえ国内に潜伏している外国人の数を約3万人と推定している。これはいわゆる不法残留者（約21万人）と異なり，入国時点ですでに把握できていない人数の推計である。

　外国人の就労にきわめて慎重な姿勢で臨んでいる日本でさえこの状況だから，人口の9％弱を外国人が占めるドイツ（ドイツ連邦統計局まとめ）や，毎年60-100万人の新たな移民を受け入れているアメリカ（アメリカ国土安全保障省まとめ）では事態ははるかに深刻だろう。既存の同化された国民集団と，国内に形成された新たな民族諸集団とのあいだの軋轢，新集団同士の緊張も，ドイツにおけるトルコ系移民排斥運動の高揚や，1992年のロサンゼルス暴動，2005年パリを中心としたアルジェリア系住民騒乱に現れているように深刻だ。

　20世紀を通じて，また特にその後半，通信や保健衛生，貿易紛争調停などにかかわる政府間（inter-governmental）組織や，国際的な人道支援などに携わる非政府（non-governmental）組織が顕著な発達を遂げてきたことも，しばしばグローバル化の進行と，主権国家が統治機能を独占する状況の終焉

---

138) ネグリとハート『帝国』水嶋・酒井・浜・吉田訳，以文社，2003年，3-4頁。

の証左として挙げられている。地球統治委員会（Commission on Global Governance）の『地球リーダーシップ』と，スーザン・ストレンジの『国家の退場』が一致して主張するところによると，グローバル時代における統治は，国家だけでなく，政府間組織や非政府組織，多国籍企業などの多様な権威が，中央集権的にでなく，相対的に自律したまま並立するかたちで，すでに現実に働いている。[139)]

ただし，これらすべての事実にもかかわらず，グローバル化が近代国家の主権を衰退させていると言うべきかどうかは分からない。400年の歴史を持つ制度なのだから，それに見合うスパンで考えたほうがいいだろう。判断を急ぐ必要はない。

まさか現代の国家が，たとえば1900年時点におけるのと比べて，格段に，国民の生命と財産を保護できなくなったとは言えまい。現代の国家が経済の把握や統制に，過去よりもひどく失敗しているとも思えない。政府の市場統制力は，そのような力を持つと市場参加者が信じるか否かで決まる——アメリカ連邦準備制度理事会前議長アラン・グリーンスパンの〈カリスマ性〉をみよ——。不法移民というものは，主権国家が移民現象を統制してゆくことによって生ずる未探知・未管理領域である——法の定立と普及がなければ，不法を合法から区別することはできない——。現代における国内の民族的多様性の増大は対処不能な未知の経験ではない。この150年，国民皆教育制度は不均質な人々の均質化に努めてきた。

ギデンズは次のように指摘している。

> 国境線を超えて広がる地球規模の結びつきが，20世紀に入って数多く絶えず発達していることを，国家主権の本来的な縮小傾向とみなすべきではない。むしろ反対に，こうした展開は，今日，国民国家システムが世界中に拡大するうえで，事実上その最重要な条件となっている。[140)]

思えば，ウェストファリア体制は，主権平等の擬制を当事者どうしで相互承認することから出発したのだった。ここでは一国の内政というものは対外関

---

139) 地球統治委員会『地球リーダーシップ』京都フォーラム訳，日本放送出版協会，1995年。原題は *Our Global Neighborhood*. ストレンジ『国家の退場』桜井公人訳，岩波書店，1998年。
140) ギデンズ，前掲書13頁。

係と区別され対比されることによって生み出されたのだし，その逆もまた真である。特に第二次大戦後，主権国家のフォーマットがグローバルに普遍化され得たのは，すべての当事者に外在する第三者的な視点——たとえばローマ教皇の権威のような——を媒介することなく，延々と当事者同士の相互承認を連鎖させることによってだった。

3 武力紛争の変容

　1990年代の東側ブロック解体を経て，アメリカを中核とする軍事同盟に比肩する軍事主体は存在しなくなった。世界大戦の脅威はひとまず過去のものとなったと言える。しかし，それと入れ替わりに訪れたのは平和ではなく，宗教的・民族的対立，利権の対立に起因する局地紛争とテロの続発だった。

　こうした紛争を，多国籍連合軍の軍事行動によって鎮圧しようとする路線も常態化した。最初の大規模な事例となったのは，イラクによるクウェート侵攻（1990年）への対処だった。このケースは国権の発動としての戦争と見なすことに困難がなかったため，国際連合安全保障理事会が武力行使容認決議を速やかに出すことができた。この決議に基づき，アメリカを中心に，主要国が足並みを揃えて組織した多国籍連合軍は，イラク軍をクウェートから排除することに成功した（91年）。

　しかしこの成功は，その後こんにちに至るまでの経過をみる限りでは，例外的だったと言わざるをえない。コソヴォ紛争（1997-2000年）に際しては，90年におけるような，安保理を主な舞台とした連携は難しかった。主要紛争当事者の一方（コソヴォ解放軍）が国家でなく武装勢力だったため，この紛争を主権国家内の内戦と捉える解釈が主流を占めた。北大西洋条約機構は，安保理決議の裏付けを欠いたまま，機構結成後初の武力行使（99年）に踏み切った。

　国連は本質的に国家間紛争の防止や鎮圧に対処するもので，当事国の要請なしには国内の紛争に介入できない。国連憲章第一条一項には次のようにある。

　　国際連合の目的は，1．国家間の平和及び安全を維持することにある。

この目的に向け，平和に対する脅威を防止し除去するために，また侵略
　　行為その他の平和の破壊を鎮圧するために，……有効な集団的措置をと
　　る。

国連は加盟諸国の集団的自衛権に基づき，加盟諸国に武力行使を要請することができるし，その気になれば国連軍だって組織できる。しかし国連の制度設計は，本質的に国家同士の紛争を想定したものであって，内戦や非国家的主体のかかわる紛争については想定していない。

　アメリカ同時多発テロ事件（2001年）への対処では，国連安保理の頭越しに，しかも従来の軍事同盟の枠組を明らかに超えて，アメリカを中心とする有志連合（Coalition of The Willing）が組織された。アフガニスタン（01年）とイラク（03年）が，事件を首謀したとされる国際テロリスト組織アルカイダを庇護しているかどで，有志連合軍の侵攻を受けた。主要国のなかではフランス，ドイツ，ロシアなどがイラク侵攻に背を向けたが，それに代わってポーランドやウクライナなど旧東側諸国が有志連合に加わった。中央アジアの旧ソ連諸国の軍事基地がアメリカ軍によって利用されるようになったのも，この戦争の過程においてだった。

　2001年以降の〈テロとの戦い〉は，冷戦体制に替わる世界的な軍事秩序を生み出そうとする営みの，現時点における結晶化として捉えることができる。ここに生み出されつつあるのかもしれないのは，〈西側と東側の対峙，および非同盟〉に匹敵するシンプルで安定的なスキーム，〈アメリカを中心に軍事的に一体化した主権国家群とテロリストあるいはテロ支援国家の対峙，および非同盟〉というスキームである。

　アルカイダおよびその関連組織のおこなうテロは，これまでたとえばアイルランド共和軍や，パレスチナのハマスがおこなってきたようなテロとは異なり，自前の主権的民族国家の樹立を希求するものではない。まるでテロそのものを目的としているかのようにもみえる。

　彼らはアメリカ同時多発テロ事件以降も，世界中の諸都市に散在する反体制勢力と緩やかに結び合い，2004年3月のマドリード列車爆破事件や05年7月のロンドン同時爆破テロ事件，06年2月のアブカイク石油精製施設爆破未遂事件をはじめ，数多くのテロをおこなっている。散在する諸勢力がほと

んど連絡を取り合うこともなく高度に自律的にテロを実行し,その事後に,アルカイダおよびその下部組織が犯行声明を出すことによって関係を形成している可能性すらある。アメリカ国務省も公式に指摘しているように,

> 幾つかのケースでは,アルカイダはその看板の下に他の過激派集団を集めようとし,他の幾つかのケースでは,アルカイダ指導者と関係している証拠がほとんどあるいはまったくないにもかかわらず,アルカイダへの忠誠を宣言する集団もある。また,攻撃のあとにのみ新たな組織の存在が明らかになるケースもある。[141]

〈テロとの戦い〉のスキームは,世界軍事秩序としてみた場合,冷戦スキームよりも安定性,継続性に優れていると言えるかもしれない。冷戦秩序は東側の空中分解によってあっけなく崩壊してしまったが,テロというものがそのように消滅することはありそうにない。ちょうど,いくら警察を強化しようと検挙率を上げようと,処罰を重くしようと,殺人犯が皆無にはならないように,かりにアルカイダの完全な壊滅に成功したとしても,それはテロの消滅を意味しない。

国連を,このような新しい脅威に対応できるよう改革すべきだとの主張もさかんにおこなわれている。2004年,国連事務総長コフィー・アナンの諮問を受けてタイの元首相アナンド・パニャラチュンを座長とする16人の委員が作成した『より安全な世界 我々の共有する責任』は,非゠国家的な軍事主体が大量破壊兵器を保有する可能性を強調しながら,安保理は集団的自衛権に基づく武力行使を,「受動的にでなく予防的に,そして潜在的な脅威が差し迫ったものとなる前に」[142] 容認できるとの,踏み込んだ見解を示している。

4 グローバル化と群衆

19世紀末,ガブリエル・タルド(1843-1904年)は,二大フォーマットに組み込まれ大衆化してゆく群衆を,ル・ボン流の操作主義ともオルテガ流の貴

---

141) 米国務省『2004年 国際テロ年次報告書』第2章。
142) パニャラチュンほか『より安全な世界 我々の共有する責任』第194項。

族主義とも別の仕方で捉える視点を提起していた。タルドの1890年の著作『模倣の法則』によれば、一般に人間のスムーズで安定した協働を可能にしているのは、〈自由にして平等〉な個人同士が交わす約束ではなく、互いに互いを模倣しあうことから生ずる、行動・思考パターンの相似である。[143]

ル・ボンは模倣性を、無知で不潔で貧しい賃労働群衆に固有の特質と捉えていた。知性にあふれ清潔で豊かな人々は、そのような模倣癖と対極にある創造的な存在である。賃労働群衆は〈自由にして平等〉な人々の約束という社会構成原理の価値を解さない。ゆえに、この原理を防衛するためには、彼ら特有の模倣癖を利用し、断言・反復・感染によって彼らを指導・統制することが必要だ。オルテガはこの構図を踏襲しつつ、指導する側にすら模倣癖が蔓延し始めていることに気づき、その状況を呪詛していた。

これに対してタルドは、模倣による行動・思考パターンの相似を人間一般の協働の普遍的な本質と見た。ル・ボンやオルテガの言うところの指導者階級の人々だって、家族や地域、友人関係や職業上の関係、マスメディアが提示する人物像との関係など、日常的な経験のさまざまな水準において模倣をおこなっている。その階級に属しているか否かは、その階級らしい身なりや振る舞いをうまく模倣できているかによって判断されている。

模倣は創造と対立しない。ふつう、模倣というと、贋物、剽窃といったネガティブなイメージがある。しかし模倣の対極にあるとされるところの発明や創造が、じっさいには何なのか調べてみれば、複数の模倣の新しい組み合わせであるのが分かる。直感的に分かりやすい例を出せば、1940年代末アメリカに創造されたロックンロールは、奴隷黒人の労働歌から発展したリズム・アンド・ブルースと、ケルト民謡やヨーデルを母体とするカントリー・ミュージックの組み合わせだった。[144] 1877年トーマス・エジソンによる蓄音機の発明は、モールス信号の紙テープへの記録と、電話に用いた振動板の組み合わせだった。[145]

---

143) タルド『模倣の法則』村澤真保呂・池田祥英訳、大村書店、2006年出版予定。
144) Holly George-Warren and Patricia Romanowski (eds.), *The Rolling Stone Encyclopedia of Rock & Roll*, Fireside, 2001.
145) ローランド・ジェラット『レコードの歴史 エジソンからビートルズまで』石坂範一郎訳、音楽之友社、1981年。

タルドの模倣論を敷衍すれば，人間社会とは，変わりにくいものからその場かぎりのものまで，膨大で多様かつ重層的で，ときに錯綜した模倣の束である。我々が論じてきたところの主権国家と産業資本制市場社会の二大フォーマットとは，近代において最も広範に共有された模倣パターンであるということになる。二つのフォーマット同士のあいだ，フォーマットとスキーム群のあいだ，さらに通用範囲が狭く期間も短い群小の模倣パターン群のあいだには，常に相互作用がある。
　まとめを兼ねてもう少し詳しく言えば，つまり次のことだ。19世紀以降現代に至るまで，主権国家のスキームは軍事中心から民政中心へ，国家間関係のスキームは主権平等の擬制から東西ブロックへ，そしておそらく〈テロとの戦い〉へと変化してきた。同じあいだに，産業資本制市場社会のスキームは生産中心から消費化へ，そして消費の情報化へと変化してきた。このような諸変化は，旧中産階級から賃労働者へ，そして新中産階級へと文化の主役が移りかわり，また家族や性愛の様式，異議申し立ての様式が変化してきたことと連動している。これら全てのあいだに相互作用があるが，それを目に見える仕方で取り持ってきたのがマスメディアであり，その内容としての広告，PRだった。人々が日々の生活実践において，多様な模倣パターンを摂取したり棄て去ったり，組み合わせたり解きほぐしたりしている，驚異的に複雑な諸過程を，タルドに基づいて要約すれば，そのように言える。
　近代化，産業化の過程をとおして，人々にとって利用可能な模倣資源は増大する一方だったと言える。当初，人々にとって利用可能だったのは，家族の習慣や近隣集団の伝統，伝承のなかの人物伝などといった資源に限られていた。しかし移動が容易になり，リテラシーが普及し，メディアが発達を遂げてゆくなかで，人々は新たに莫大な模倣資源を手にしてきた。こんにちでもなお資源は増え続けている。
　その趨勢は，マクルーハンが予想した〈全地球的規模の村落〉のような，一つの方向への収束だったろうか。違う。二大フォーマットが普遍性を高めてゆく一方で，同時進行したのは，群小の模倣パターン群の水準における個別性・多様性の著しい増大だった。タルドは気づいていた。
　……たがいに交流し模倣し同化しあい，精神的に統合されればされるほ

ど，……溝が深まり，対立が和解不能の様相を呈するのには驚いてしまう。……諸国民の絶対的相違は少なくなったけれども，相対的・意識的な相違は増大した。[146]

現代の群衆は街の広場に集結する，数千，数万人の賃労働者ではない。全国ネットの同じテレビ番組を見，同じ場面で笑い，泣く数千万人の視聴者大衆でもない。無尽蔵な資源から，気分に合わせて模倣の種を選び，組み合わせて楽しんでは，互いのあまりの違いを悲しんだり，天文学的な確率における一致に出会って心躍らせたりしている，グローバルに散在する人々である。

---

146) タルド『世論と群集』稲葉三千男訳，未來社，1964年，88頁。近年における類似の指摘としては，ダニエル・ベル『資本主義の文化的矛盾』林雄二郎訳，講談社，1977年，上巻85頁。ネグリとハート『マルチチュード』幾島幸子訳，日本放送出版協会，2005年，上巻19頁。

第13章　リスク社会

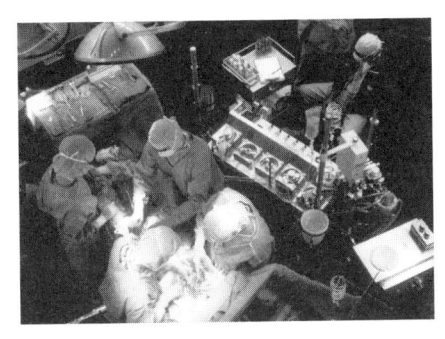

手術室の場景

1　一つの体験から

　過日，私の近親者が内臓を患い，開腹手術を受けた。事前に担当の医師が手術の概要を説明してくれ，手術に伴って必要な薬剤の使用について同意書を交わす。インフォームド・コンセントというやつだ。知識としては知っていたが，その現場に立ち会うことになったのは今回が初めてのことだ。
　同意書に添付された資料には，この手術で使用する血液製剤について，次のような可能性が指摘されていた。
　　近年，血液製剤による感染症（B型肝炎，C型肝炎，HIV感染症，成人T
　　細胞性白血病ウイルス感染，細菌感染など）の危険性は極めて低くなって
　　きましたが，皆無とは言えません。
　　また，新型クロイツフェルト・ヤコブ病の原因とされる異常プリオンな
　　ど未知の病原体による感染症の伝播も否定できません。
率直に言ってたいへん動揺し，困惑した。自分が何をそんなに困惑しているのかよく分からないまま，ひどく浮き足だった気持ちのまま，とりあえず，書かれているようなリスクがどれほどのものなのか知らなければいけないような気がして，慌てて調べ始めた。たぶんそのように行動するのは私だけで

はあるまい。

　二，三日図書館に通い詰め，インターネットを検索してみて次のことを知った。1998年厚生省（現厚生労働省）がこの血液製剤を承認した際，副作用集計の対象となった488例のなかに副作用の報告がないこと。2004年に，手術中この血液製剤を使用した患者1名が，手術後C型肝炎に感染したことが分かり，この製剤との因果関係が疑われ，未出荷分の出荷が一時差し止められたこと。05年におこなわれた調査の結果，投与された当該ロット1628件のうち，投与後にC型肝炎ウィルスに感染した事例がこの1件のみであることが判明し，その因果関係の疑いが晴れ，出荷が再開されたこと。

　つまり，かりにこの1件がC型肝炎の感染原因だったとしても，その感染確率は単純計算で0.0614％，1万回につきほぼ6回ということになる。

　しかしそのことを知っても，私のわだかまりは消えなかった。心は浮き足立ったまま，全然落ち着きを取り戻せない。なぜだろう。こういう時には，あがくのを止めにして，自分の心に尋ねてみるのが一番だ。

　もう一度添付資料の文言をゆっくりと一字一句読み直してみる。しばらくすると分かってくる。私が感じた困惑は，感染確率を知ることによって除去される性質のものではなかったのだ。

　一つは前段に関わる。「感染症……の危険性は極めて低くなってきました」という事実を知って安心するのは，治療する側（製薬会社や医療従事者）であって，かならずしも治療される側（患者）ではない。つまり，治療する側の視点に立つと〈この製剤を用いて私が1万人を助けることによって，困難な感染症にかかる可能性があるのは6人にすぎない〉となるかもしれないが，治療される側の視点に立つとそうはいかないのだ。〈私はC型肝炎にかかるか，かからないかのいずれか〉なのだから。患者にとって自分とは，1628人のなかの誰かではない。自分というものは一人しかいない。

　もう一つは後段に関わる。「未知の病原体による感染症……も否定できません」というくだりだ。確率の計算が経験に依存する以上，未知の感染症の可能性を確率論で考えることにはあまり意味がない。未知の感染症の可能性は無限に低く，かつ無限に高いというほかない。じっさい，HIVもC型肝炎もつい最近までは未知だったではないか。

だから私の困惑の正体は，感染確率についての知識不足ではない。ならば何なのか。

　ふつうリスクという語は危険（danger）とほとんど同義のように使われている。人はそれを安全（security）と対極にあるものとして捉えようとする。しかしルーマンの指摘によれば，リスクの反対概念は安全ではない。リスクの対極にあるのは，危険である。[147] 安全を，望まない結果がもたらされる可能性のない状態，危険を，望まない結果についての責任が当事者ではなく，当事者に外在する非人間的要因に割り当てられている状態，リスクを，望まない結果についての責任が当事者のあいだで分配されなければならない状態としてみると，このことは理解しやすい。

　私の例に当てはめて言い直せば次のようになる。病気は危険だ。知らずに放置すれば死に至る。誰にもその責任を問うことはできない。しかし病気の危険を探知し，治療のリスクに置き換えることによって，望まない結果を回避する可能性を得ることができる。ただし危険をリスクに置換し，リスクを低減させることによって，安全が実現されるわけではない。治療はむしろ未知の感染症，つまり純粋な危険を呼び込みさえする。だから治療のリスクに伴う責任は，治療する側とされる側のあいだで分配されなければならない。

　安全と危険は，一見対極にあるように見えるが，じつは酷似している。そして安全は，危険に従属する。危険なしに安全はない。安全とは，危険が認識されリスクに置き換えられることによってはじめてイメージされる，過去の，リスクのなかった状態なのである。たとえば，考えるのに疲れた私は，〈病気に気づかないほうが幸せだったかも……〉などとと，つい想像してしまったものだ。私がそのような想像を働かせたのは，危険がリスク化される前ではなく，後のことだ。ゆえに，リスクを限りなく低減させることは，望まれる安全を実現しない。

　私の困惑は，リスクの有責任状態に留め置かれ，危険という無責任に戻る道も，安全という無責任に到る道も閉ざされたことから発していたのだった。しかし，そんな私は，無責任状態を欲した自分の不徳を大いに恥じて，責任

---

147) Luhmann, *Risk: A Sociological Theory*, Rhodes Barret (tr.), Gruyter, 1993, pp. 1-31.

あるリスク選択に邁進すべきなのだろうか。そうは言えまい。危険を認識しリスクに置き換えることは危険を減少させるのではなく，以前には考慮する必要のなかった新しい危険を生み出してゆくのだから。

2　危険（安全）のリスク化

　危険をリスクに置き換え，望まない結果がもたらされる可能性を限りなく低減することは，安全に至る道のように見えて，じつは新たな責任の生産と分配，そして新たな危険の生産にもつながっている。これと同じ構図は，私たちの身の回りにたくさん見いだすことができる。

　たまたま目についた例を幾つか挙げよう。

　2005年，文部科学省の地震調査研究推進本部が公表した『「全国を概観した地震予測地図」報告書』によると，05年1月1日から30年以内に震度6弱（人間が立っていることが困難な揺れ）以上の地震に見舞われる確率が26％を超える地域を抱えている都道府県は，16である。

　かりにこのような情報がなければ，じっさいに大地震に見舞われ，生命と財産に大きな損害をこうむった人々は，その責任を誰かに問うことはできない。それは誰のせいでもない。人間の都合どおりにいかない自然のせいだ。

　しかし地震の危険がリスクに置換されると，その望まない結果についての責任が発生する。被災者と行政府が，責任分配の主な当事者となるだろう。高い確率で大地震に見舞われることを認識しながら，建造物の耐震強度の向上を怠った責任は誰かにあることになる。退去命令の発令が遅れたことや，命令にしたがわず損害を受ける人が出たことの責任，食糧や避難場所が充分でなかったことの責任も誰かにあることになる。

　それだけではない。望まない結果を回避するための対策は新しい危険をも生み出す。建造物の耐震化工事は，作業員の生命の犠牲を伴うかもしれない。地方自治体首長による立ち退き命令の発令権限を強化すれば，個人の財産が毀損される可能性が高まるかもしれない。こうした危険をさらにリスク化し，その低減につとめたところで，また新たな危険が生み出されることに変わりはない。

日本では，こうしたことから，また1995年の阪神淡路大震災を大きな契機にして，地震防災対策特別措置法が制定され，地震調査研究推進本部が設置された。それまでは，地震防災を体系的に扱う行政府内の専門機関としては地震予知連絡会（69年発足，国土地理院長の私的諮問機関）があったが，純粋に学術的な機関なのか，政策に直結した判断を下す機関なのか，位置づけが不明確だった。新たに設置された地震調査研究推進本部は，その責務を「地震に関する観測，測量，調査又は研究を行う関係行政機関，大学等の調査結果等を収集し，整理し，及び分析し，並びにこれに基づき総合的な評価を行うこと」，そしてこの「評価に基づき，広報を行うこと」（同法第七条）とした。地震防災をめぐるリスクマネージメントについて，何らかの責任を負うべき主体が生み出されたのである。

　2005年，厚生労働省の薬事・食品衛生審議会が公表した『妊婦への魚介類の摂食と水銀に関する注意事項』によると，妊婦は，魚介類に含まれるメチル水銀による胎児への健康被害（中枢神経障害）を防止するため，次の目安に注意を払うことが望ましい。バンドウイルカなら80gを2ヵ月に1回以下。コビレゴンドウなら80gを2週間に1回以下。キンメダイ，メカジキ，クロマグロ，メバチ，エッチュウバイガイ，ツチクジラ，マッコウクジラ80gなら1週間に1回以下。キダイ，マカジキ，ユメカサゴ，ミナミマグロ，ヨシキリザメ，イシイルカ80gなら1週間に2回以下。

　〈食の安全〉を望む国民の要求に対する行政府の応答の一環である。国民の大多数が望んでいるのは，おそらく〈どのような食物ならば100％安全か〉についての情報だろう。しかし〈100％の安全性〉は，危険をリスクへと置換することが見せる夢である。じっさいに実現できるのは，そのような安全ではなく，限りなく低減されたリスクである。ゆえに行政府としては，望まれるような〈100％の安全性〉を宣言することができない。かりに宣言した上で，何らかの確率でリスクが現実化すれば，その責任の全てを割り当てられかねない。その場合，行政府は補償などの負担を負い切れなくなるおそれがある。

　いわゆる薬害エイズをめぐる1989年からの民事訴訟，96年からの刑事訴訟では，HIVが混入した非加熱血液製剤を製造・販売した企業とそれを承認

した厚生省（現厚生労働省），そして血友病患者に製剤を投与した医師が，どの時点でHIV感染の可能性を知ったのかが重大な争点となった。つまり，それがいつ危険（安全）からリスクとなったのか，それに伴う責任がいかに分配されるべきかが問われた。

血友病は血液中の凝固成分が不足する遺伝病であり，いったん出血すると止めるのが難しくなる難病である。1960年代いっぱいまでは有効な治療法がほとんど存在せず，患者の平均寿命は20年を超えなかった。有効な止血管理ができるようになったのは，血液から凝固成分だけを取り出した非加熱血液製剤が70年に前後して実用化されて以降のことである。患者にとってこの製剤はまさに福音だった。

しかしこの製剤に，1970年代後半から80年代にかけて，HIVが混入した。その結果，500人以上の血友病患者が感染してしまった。2000年，刑事訴訟の一審では，4名が，1名の肝臓病患者を死亡させた業務上過失致死の有罪判決を受けた。製薬会社の当時の社長と2名の部長は，安全性の高い加熱製剤が供給可能になったにもかかわらず，非加熱製剤の供給を続けた点，また加熱製剤の供給が可能になる以前でも，非加熱製剤のHIV感染の危険性が明らかになった時点において，それが使用されることがないよう医療機関に周知徹底を図らなかった点が問われた。厚生省の当時の生物製剤課長は，加熱製剤が供給可能になったにもかかわらず，製薬会社に非加熱製剤の回収と販売中止を命じることを怠った点が問われた。自らの血友病患者に非加熱製剤を投与し続けた医師は，01年，無罪判決を受けた。

患者団体が国と製薬5社を相手取って損害賠償を要求した民事訴訟では，1995年，大阪・東京両地方裁判所による和解勧告が出された。被告六者は連帯して，原告および既提訴者について一人につき和解金4500万円を，製薬会社6：国4の負担割合で支払うべきとした。96年，この和解は成立した。

3　リスクを基軸にした民政管掌

これら三つの例における，危険をリスクへと置換する営みが，主権国家の行政府を主な舞台としているのは偶然ではない。これらの例は，現代の主権

国家による民政管掌の拡大・深化の様式を示唆している。主権国家による，人々の暮らしへの関与の範囲は，こんにちにいたるも広がり，その程度は深まり続けているのである。

　その様式は，第４章に学んだような19世紀後半における様式とはかなり異なるだろう。

　19世紀後半における民政管掌の拡大・深化は，二大フォーマットに外在する人々を対象とし，その内部化を課題としたものだった。運輸，通信，教育，社会保障などの制度は，地縁と血縁を主要な紐帯として結び合っていた人々を，近代社会の二大フォーマットに組み込んでゆく条件として機能した。ここでは，人々は，〈より良い暮らし〉のために国家の関与を受け入れることができた。賃労働のために故郷を離れても，汽車があればすぐ帰って来られる。学校教育は父母の教育よりも優れた面を多く持っている。恩給や老齢年金は子孫による扶養より確実だ。

　それに対して，こんにちの主権国家による，危険のリスク化を基軸とした民政管掌の拡大・深化は，二大フォーマットにすでに内在している人々を対象としている。その課題は，19世紀後半におけるよりもある意味古典的かつ直接的であって，国民の生命・財産の保護へと立ち戻っている。

　ただし，これは17・18世紀のような軍事優先主義への単なる回帰ではない。ここで課題となっている生命・財産の毀損は，敵国からの侵攻に起因するのではなく，人間の織りなす意味的な世界と，それに必ずしもしたがわない諸要因（自然や産業廃棄物，薬害）とのあいだに切断面が存在することに起因するのである。そして，この課題は，人間的な統制に服する世界を限りなく拡張し——リスクを低減し——，拡張された領域における未決の責任分配を決定し，切断面をより遠くへと押しやることによって解かれてゆく。

　面積や人数の物理的限界に出会った国家は，リスクという，いわば無限の開拓可能性を持つ新しいフロンティアを手にしたのかもしれない。現代，人々が国家の関与を求めるのは，〈より良い暮らし〉のためというよりも，今現在持ち得ているものを期せずして失うリスクを下げるためだ。しかしリスクを下げる営みはリスクを完全には解消しないし，新たな危険を生み出す。生み出された危険はさらにリスクへと置換され……　永遠に続く。

ウルリヒ・ベックは，このような現代の我々の生存状況を〈リスク社会〉と名付け，適切にも次のように指摘している。

> リスク社会の基礎となり，社会を動かしている規範的な対立概念は，安全性である。……安全というユートピアは消極的で防御的である。ここでは，「良い物」を獲得することは，もはや本質的な問題ではない。最悪の事態を避けることだけが関心事となる。[148]

危険のリスク化によって，人々は安全の理想的なイメージを思い描き，その実現を希求する。この理想の希求は，新たな価値を摑み取る能動的な性質ではなく，既に持つ価値を守る受動的な性質を帯びている。そして，受動的な人々の希求に応じる手段は，リスクの限りない低減しかない。

産業資本制市場社会は消費化によって永久機械となり得た。商品の奔流のなかで，人々は自由に好みの一品を選び，捨て，利益は無限に累増する。それと同じように，主権国家はリスク化によって永久機械となり始めているのかもしれない。人々は，汲めど尽きせぬ不安の泉を前に，ひたすら水を掻き出す役割を国家に託し始めているようにみえる。

---

[148] ベック『危険社会——新しい近代への道』東廉・伊藤美登里訳，法政大学出版局，1998年，75頁。

第14章　現代の日本

明治時代の帝国議会

1　これまでの経過

　日本は，1860年代以降こんにちにいたるまで，主権国家と産業資本制市場社会のフォーマットに依拠した国家・経済の建設をおこなってきた。これは，欧米以外では初の大規模な成功事例となったと言える。日本の経験は，近代化・産業化が欧米にのみ可能なのでなく，きわめて広範な適用可能性を持つことを示し，特に20世紀後半，東南アジアをはじめとする非欧米諸地域における国家・経済建設にとって大きな刺激となった。

　その間，日本は近代化・産業化にともなう主要な諸現象，さまざまの畏怖を，先行する欧米諸国に比べて比較的短い期間に凝縮して経験してきた。

　国家による民政管掌は，欧米諸国に範をとりながら，明治初頭から大規模かつ比較的積極的におこなわれた。1871-75（明治4-8）年には，早くも郵便，鉄道，義務教育，憮救規則（救貧），軍人恩給がスタートした。大正初期には工場法が制定された（1911・大正4年）。昭和に入って，医療保険は1927（昭和2）年，労災保険は31（昭和6）年，老齢年金は42（昭和17）年，失業保険は47（昭和22）年に始まった。医療保険は61（昭和36）年に国民皆

保険化が成り，2000（平成12）年には介護保険がスタートした。[149]

　20世紀後半には，戦争放棄をうたう新憲法と日米安保条約による国防コストの低廉さという大きな利点を生かし，また1930年代から40年代半ばまでの戦時統制によって得られた知見を踏まえながら，政府の強力な関与の下での計画的な経済成長の様式を確立した。二大フォーマットが互いにほとんど区別できないほどに一体化した有り様を指して，〈株式会社日本〉と揶揄されるほどだった。

　日本では賃労働群衆というものが，英仏米におけるほど，脅威として鮮烈に表現されることはあまりなかった。これは19世紀後半における民政管掌の急激な進展が，賃労働者の諸不満を予めかなりの程度に効果的に鎮めたこと，義務教育を主なチャンネルとした国民意識の形成が早期に効果を挙げたこと，そして市民革命の経験がないことが大きく作用してのことだと言えよう。

　日本では，中産階級の主導的価値意識の担い手としての武士は，欧米におけるような都市の商人・職人層ではなかった。その家政の基盤は政治的秩序のなかでの俸禄にあったゆえに，彼らは市民革命への力にはなり得なかった。明治期，武士の道徳意識は，欧米におけるように，産業資本制市場社会の展開のなかで，都市郊外から都市中心を眺める視点として傍流的に維持されるのではなく，義務教育制度のなかで国民意識の主流へと鋳直され，大規模に普及した。

　20世紀前半，日本が世界史の舞台に躍り出たのは，主に戦争を通じてだった。1894-95年の日清戦争，1904-05年の日露戦争によって，欧米列強に伍する存在として認知されるようになった日本は，第一次大戦にあたっても一定の影響力を行使し，直後に結成された国際連盟において常任理事国4ヵ国に名を連ねるまでになった。

　その最初期，日本が国際社会に向けて発し，一定の支持を得たメッセージは，人種差別撤廃だった。パリ講和会議における日本全権代表は，ウィルソン平和原則十四箇条に，あと一箇条を追加するよう働きかけた。「人種あるいは国籍如何により法律上あるいは事実上何ら差別を設けざることを約す」。

149）横山和彦・田多英範『日本社会保障の歴史』学文社，1991年。

この条項が採択されることはなかったが，その意図は26年後，国際連合の目的を定めた憲章第一条第三項の，次のような文言に反映されることとなった。

> ……人種，性，言語または宗教による差別なくすべての者のために人権及び基本的自由を尊重するように助長奨励することについて，国際協力を達成すること。

1930年代における二大フォーマットの内破は，日本にも深甚な影響を与えた。昭和恐慌期，日本では全就業者に占める第二次・第三次産業従事者の割合はようやく50％に達しようとしていた[150]のであって，労働市場や金融市場の混乱が人々の生活に与えた直接の影響は，アメリカやドイツに比べれば軽かったようにも見える。しかしちょうど恐慌と連動するかのように発生した，30年の大豊作（およびそれによる米価暴落）と31年の冷害（およびそれによる飢饉）によって，第一次産業従事者たちも深刻な生活難に陥った。[151]

昭和恐慌そのものはリフレーション政策によって，1933年以降鎮静化した。しかしその過程で軍部の発言力は高まり，31年の満州事変，32年の五・一五事件，36年の二・二六事件，37年の盧溝橋事件を経て，38年の国家総動員法の成立を迎える。「戦時（戦争に準ずべき事変の場合を含む　以下之に同じ）に際し国防目的達成の爲国の全力を最も有效に發揮せしむる樣人的及物的資源を統制運用する」権限を，大日本帝国議会の賛助なしに政府に授けるこの法の成立によって，帝国議会は名実ともに機能を停止するに至った。

議会が再び息を吹き返すことはなく，日本はそのまま，1941年，太平洋戦争になだれ込んだ。多くの国民は，アジア同胞を欧米列強による不当な搾取から解放するものと信じて戦争に協力したのだろうが，じっさいにその行動が望んだ結果をもたらすことはなかった。

戦後の日本は，あらゆる面でアメリカの強い影響を受けながら，経済大国への道を歩んだ。産業の水準に比して消費市場はきわめて未熟だったが，国内の公共事業とアメリカの消費市場がそれを肩代わりした。結果，消費市場の未熟さは，日本における高い貯蓄率，すなわち潤沢な投資資金としてあら

---

150) 75頁に前掲のグラフを参照。
151) 中村隆英『昭和恐慌と経済政策』講談社学術文庫，1994年。岩田規久男『昭和恐慌の研究』東洋経済新報社，2004年。

われ，むしろアドバンテージとなった。

　1950年代半ば以降，73年のオイルショックに至るまでの高度経済成長は，この，生産と消費のアンバランスによってもたらされたと言える。戦後日本の産業資本制市場社会は，言わば，生産の局面においては20世紀後半的な現実に適応しつつ，消費の局面においては19世紀的な生産至上主義と希少性信仰を温存していたのである。

　経済成長と人命を秤にかけ，露骨に経済成長を優先する傾向は，水俣病，新潟水俣病，四日市ぜんそく，イタイイタイ病など，世界的にも比肩する例を見いだすのが困難な規模の公害病をはじめとする，多様で悲惨な被害をもたらした。

　水俣病をめぐっては，1956年の発見から3年後にはすでに原因，病理とも解明され，原因物質の排出企業と政府はそれを知り得ていた。にもかかわらず，当時の政府はそれを公式に認めることを避け続けた。結果，原因物質の排出はなんと68年まで続き，患者は約3000人（2005年現在の認定患者数。申請は累計約1万5000人以上）を数えることとなった。[152]

　生産と消費のアンバランスが困難な課題として認識されるようになったのは，1980年代からのことだ。オイルショック以降，消費市場としてのアメリカに大きな成長が見込めないなか，プラザ合意（85年）に前後する急激な円高ドル安——円に対するドルの価値はほぼ半減——が追い打ちをかけた。

　さまざまの内需喚起策が打たれたものの効を奏さず，いわゆるバブル期が訪れる。潤沢な資金は行き先を失い，不況への懸念と相まって，土地へと注ぎ込まれていった。国土交通省『土地白書』によれば，三大都市圏における公示地価は1980年代後半，わずか2年で2倍になるほどの異常な高騰を示し，90年代に入ると一転して下落した。

　生産に注いだだけの情熱を消費に注ぐことのできなかった日本人は，剰余の確実な保全策として，土地を買うことしか思いつかなかったと見える。ある意味，もっと無邪気に消費の享楽に浸ることができたなら，もっと愚かに，他愛のない商品を欲望できたなら，90年代の大不況はなかっただろう。もち

---

[152] 栗原彬『証言　水俣病』岩波新書，2000年。

ろん，そうすべきだったと言っているのではない。言いたいのは，そうする必要を日本人は感じなかったということであり，このように，二大フォーマットとそのスキーム群，そして人々の日常意識は，現代に至るも，互いに連動しつつ，相対的な自律性を保っているということである。

2 軍事と外交

　戦後日本の軍事と外交は，国連中心主義，専守防衛主義，そしてアメリカとの軍事同盟という，必ずしも常に調和するわけではない三つの方針によって営まれてきた。
　現行日本国憲法の前文には次のようにある。
　　われらは，平和を維持し，専制と隷従，圧迫と偏狭を地上から永遠に除去しようと努めてゐる国際社会において，名誉ある地位を占めたいと思ふ。
ここに言われる「国際社会」とは国際連合のことであり，「名誉ある地位」とは，まず国連に加盟し（1956年達成），そこにおける発言権を得ること，そして安全保障理事会の常任理事国となり（2006年現在未達成），発言力を高めることを意味する。現在，国連の年間通常予算に占める日本の分担金は，最大のアメリカに次いで約3.3億ドル（約360億円。全体の19.468％）である。国際紛争の予防と解決のために，日本が国連に寄せる期待が引き続き大きいことが分かる。
　憲法第九条には次のようにある。
　　日本国民は，……国権の発動たる戦争と，武力による威嚇又は武力の行使は，国際紛争を解決する手段としては，永久にこれを放棄する。
　　前項の目的を達するため，陸海空軍その他の戦力は，これを保持しない。国の交戦権は，これを認めない。
この条項について，日本政府は1950年代以降，自衛権を放棄したものではなく，侵略に対する防衛をおこなうための最小限の〈実力〉は武力にはあたらないとする解釈をとり続けている。また，国連憲章が加盟諸国に認める集団的自衛権（自国と密接な関係にある他国に対する侵略に実力で対処する権利）に

ついては，日本も保持してはいるが行使してはならないとする解釈をとり続けている。

　防衛庁『防衛白書』によると，現在，日本の国防費は年間約4兆8500億円（一般歳出比約10%）である。自衛隊の現員は約24万名（定員は25万3180名）である。主要装備は，戦車980両，主要火砲700門，主要艦艇152隻（うち護衛艦53隻，潜水艦16隻），主要航空機1179機（うち戦闘機373機，対戦車ヘリ85機，早期警戒機17機）である。国防費，人員，装備とも，1990年代半ば以降，横ばいないし若干の減少傾向にあり，最新の中期防衛力整備計画でも，引き続きの削減と効率化が予定されている。

　これに加え，日米安保条約および日米地位協定により，現在，日本にはアメリカ軍が，全国69箇所の施設（うち37施設は沖縄県）に駐留している。在日アメリカ軍司令部が公表しているところによると，駐留にかかる年間経費は約70億ドル（2006年度日本政府予算案によると，日本の負担は約2150億円），駐留軍人は約3.7万名だが，装備の内訳は必ずしも明らかでない。

　現行日米安保条約の第五条は次のように定めている。

　　各締約国〔日本とアメリカ〕は，日本国の施政の下にある領域における，いずれか一方に対する武力攻撃が，自国の平和及び安全を危うくするものであることを認め，自国の憲法上の規定及び手続に従って共通の危険に対処するように行動することを宣言する。

これが，集団的自衛権を意味するのか否かが，1960年の改訂以来，長く論争の的となってきた。いちおう日本政府の公式見解となっているのは，この条約は，日本への攻撃に対するアメリカの武力行使のみを約した，片務契約であるとする解釈である。

　国連中心主義，専守防衛主義，アメリカとの軍事同盟という三つの指針は，軋みを引き起こしながらも，太平洋における冷戦の前線に立たされた日本の軍事と外交を規定してきた。この軋轢が冷戦の終結とともに厳しさを増してきている。

　1990年代には，国連が活動的になるのに合わせて，三方針のうち専守防衛主義が著しく退き，国連中心主義を主要な根拠とした国際貢献が前面に押し出される格好になった。自衛隊初の海外派遣は91年湾岸戦争後，ペルシア湾

における機雷除去作業だった。これは〈公海上の作業〉であり，海上自衛隊の本来業務であるとの解釈がおこなわれ，新たな立法なしに，日本は511名の自衛官をペルシア湾に派遣した。

　1992年には，国連決議に基づく国際平和協力業務を自衛隊の本来業務へと格上げする「国際連合平和維持活動等に対する協力に関する法律」が成立した。同法に基づき，日本は92-93年国連カンボジア暫定機構の平和維持活動に608名，93-94年国連モザンビーク活動に53名，94年ルワンダ難民救援活動に378名，96年ゴラン高原における国連兵力引き戻し監視活動に45名，99年東ティモール難民救援活動に113名，2002-04年国連東ティモール暫定行政機構の活動に412名，01年アフガニスタン難民救援活動に138名，03年イラク難民・被災民救援活動に148名の自衛官を派遣した。

　しかし2000年代に入り，国連が非国家的軍事主体によるテロの課題に対する限界を露呈すると，今度はアメリカとの同盟が，かつてなく前面に押し出された。01年にはテロ対策特別措置法が成立した。この時限立法に基づき，日本は，01年有志連合軍によるアフガニスタン侵攻において，インド洋北部におけるレーダー支援，および艦船燃料供給支援のため600名以上の自衛官を派遣した。また，03年のイラク戦争後の戦後復興支援には1000名以上の自衛官を派遣した。2000年代の自衛隊が，国連決議に十分な裏付けのない，アメリカ主導でおこなわれる戦争に加担することは，05年，国連創立60周年の機会に日本が安保理常任理事国入りに失敗したことと相まって，三方針のバランスがアメリカとの同盟に激しく振れ始めていることを示しているのかもしれない。

3　日本的経営とフリーター

　1990年代前半以来の平成大不況は，2001年以降のリフレーション政策（いわゆる量的緩和）と，精算主義政策（いわゆる不良債権抜本処理）の組み合わせが結果的には効を奏し，05年現在，沈静化している。

　1980年代までは戦後日本の経済的成功を可能にしたとしてもてはやされていた〈日本的経営〉およびその主成分としての終身雇用，年功序列，企業別

組合の慣行が,この不況期のあいだ,大いに批判された。終身雇用とは,会社がいったん雇用した従業員を,定年に至るまでなるべく解雇しない慣行である。年功序列とは,昇進と昇給を,勤続年数の長さを主な規準として決定する慣行である。企業別組合とは,職能や産業を単位としてではなく,企業を単位として労働組合を組織する慣行である。

〈日本的経営〉は,欧米に見られたような深刻な階級対立が経済成長の足枷となるのを回避するのに有効だったとされた。従業員にとっては,会社に忠誠を尽くしさえすれば,能力や実績が必ずしも伴わなくとも,生活の安定,昇進,昇給が約束される点で優れていた。雇用する側としては,人材不足を防ぎ,従業員の熟練を効率的に向上させることができる点で優れていた。

〈日本的経営〉は,事実というより規範だった。終身雇用を例にとれば,日本における一般労働者(パートタイムを除く)の平均勤続年数は,事実としては,高度成長ただなかの1966年時点では男性8.0年,女性4.0年にすぎず,〈日本的経営〉がさかんに評価されていた86年時点でも男性12.1年,女性7.0年にすぎない。終身雇用という言葉がイメージさせるよりも明らかに低い。なお,平均勤続年数は,〈終身雇用の崩壊〉が叫ばれた90年代以降も一貫して微増基調にあり,04年時点では男性13.5年,女性9.0年である。[153] つまり,確かなのは,〈日本的経営〉が,望ましい規範として人々に周知され,人々

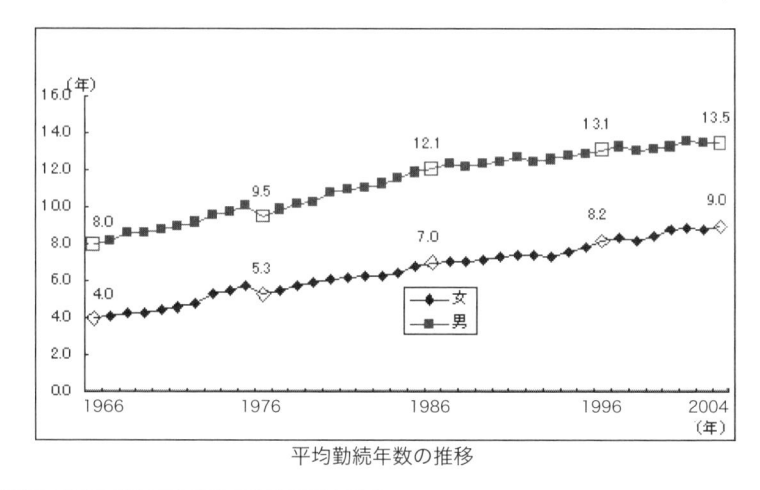

平均勤続年数の推移

---

153) 厚生労働省『賃金構造基本統計調査』。グラフは平成15年版『働く女性の実情』より転載。

に，それによって安定や繁栄を享受できるとの期待を強く抱かせることができたということである。

その一方で，1980年代半ば以降，この規範にしたがわない若年者たちの就労動向が注目されるようになった。フリーター（フリーアルバイターの省略）という言葉は，リクルート社のアルバイト情報誌『フロム・エー』（道下裕史）によって，1987年前後に生み出された。それまで怠惰，甘え，愚か，といったマイナスのイメージでしか見られていなかった若年無業者のなかに，高い独立心や正義感，深い知識や技術を持ち，自己実現に邁進している人々が存在することを捉え，彼らをフリーターと名付けた。パート・アルバイトによって生計を維持しつつ，音楽や演劇，スポーツ，文芸やジャーナリズムなどを志す人々である。

労働省（現厚生労働省）は1991年『労働白書』（現『労働経済白書』）において，フリーターの統計的把握を始めた。学生と主婦を除く15-34歳の者のなかで，アルバイトあるいはパート就業しているか，それを希望している者をフリーターと定義し，82年には約50万人だったものが，10年で2倍近くに増加していることを指摘した。以後こんにちに至るまでフリーターの統計的把握は継続しており，2004年時点では約213万人とされている。これは同年代労働力人口の約20％に匹敵する。

より詳細な研究も進んでいる。小杉礼子によれば，フリーターは〈モラトリアム型〉，〈夢追求型〉，〈やむをえず型〉という三つの類型に分類することができる。〈モラトリアム型〉（フリーター全体の39.2％）は，大きな理由もなく学校を中退したり，進学をせず，後の進路を描けていない者と，労働条件や人間関係への不満から離職したきり，正規雇用を志向しない者のことである。〈夢追求型〉（27.8％）は，芸能活動や，特殊な職能や専門職を志向する，『フロム・エー』が捉えた意味でのフリーターを指す。〈やむをえず型〉（33.0％）は，基本的に正規雇用を志向し，資格試験への合格を目指している者，留学など決定している次の進路のために待機中の者，非自発的なトラブルによって退学させられ，次の進路のために待機中の者を指す。[154]

---

154) 小杉編『自由の代償／フリーター』日本労働研究機構，2002年，58頁。

なかでも〈モラトリアム型〉が課題視され，1990年代半ば以降流行語となった〈パラサイトシングル〉（学校を卒業した後，親への依存をやめない若年者）や，2000年代に入ってから造語された〈ニート〉（学校に通わず，職に就かず，職業訓練も受けていない者）と相まって，現代日本における労働問題の大きな焦点となっている。

確かな推定は困難だが，フリーターの平均年収はざっと100万円と考えられる。[155] これは1人あたり国民所得のほぼ4分の1であり，高卒初任給平均の約半分である。厚生労働省定義のフリーターは15-34歳に限定されているが，まさか34歳時点でフリーターだった者が，35歳以降みなフリーターでなくなるはずもなかろうから，今後，きわめて低く，かつ不安定な収入しか得られない人々が，階層として固着する可能性もある。

4　循環型社会の陥穽

2000年，日本では循環型社会形成推進基本法が成立し，従来の廃棄物・リサイクル諸対策の統合が図られた。同法は，目指す循環型社会を，

> 製品等が廃棄物等となることが抑制され，並びに製品等が循環資源となった場合においてはこれについて適正に循環的な利用が行われることが促進され，及び循環的な利用が行われない循環資源については適正な処分……が確保され，もって天然資源の消費を抑制し，環境への負荷ができる限り低減される社会

とし，その実現に向けて国民の協力を求めている。さいきんではどこへ行ってもゴミの分別収集に出会う。どんな商品を買ってもそのパッケージにはリサイクルやリユースされるとの表記がある。大型家電製品の廃棄や事業ゴミには課金されるようになった。

このようにして，じっさいに限りなく環境負荷の小さい社会が実現されるといいな，と思う人は少なくないだろう。私もその一人だ。しかし同時に素朴な疑問が頭をもたげてくるのも禁じ得ない。廃棄された物質を資源として

---

[155] 詳細は小杉編，同書64頁。

再利用するには固有のコストがかかる。たとえば使用された紙を再利用するには，その移動・収集にトラックを用いるし，インクを落とすために漂白剤や電力を必要とする。木材チップなどから生産する場合にはかからないコストである。PETボトルを繊維として再利用し，衣服にする場合や，建築廃材からタイルを作る場合なども同様である。果たして物質を循環させることは，じっさいに天然資源の消費の抑制や，環境負荷の低減をもたらすのだろうか。むしろ悪化を招く可能性もあるのではないか。

　この疑問は，人々のまっとうな道徳意識に敵対するため，あまり声高には主張されていない。しかし，それでも体系的な議論の試みがないわけではない。武田邦彦の果敢な試算によれば，循環型社会は，物質の再利用をしない使い捨て社会（ワンウェイ型社会）に比べて，自然からの資源投入量を3.6倍多く必要とする。

　図をみてほしい。リサイクルがない状態におけるオモテの経済活動（活動系）の水準を100％維持し，かつ廃棄の80％をウラの経済活動（回生系）をとおして再利用可能にする場合，そのためだけに，オモテの経済を運営するのに必要な資源量の3.4倍が別途必要になる（回生に2.4，浄化に1.0）。かりに

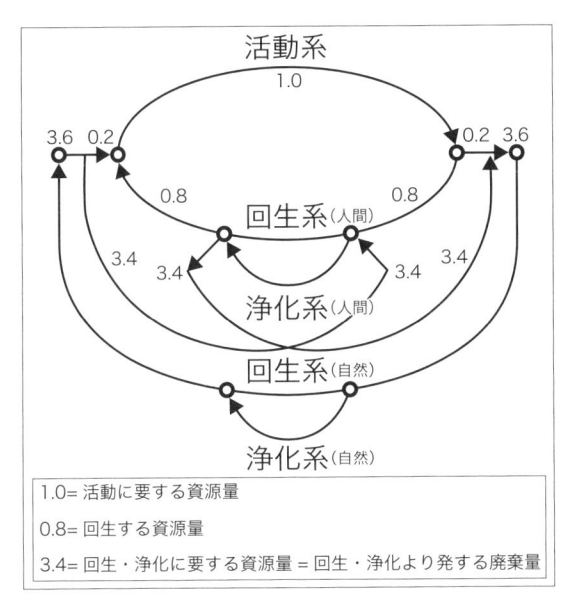

```
              活動系
               1.0
3.6  0.2                    0.2  3.6
          0.8        0.8
        回生系(人間)
  3.4                        3.4
      3.4            3.4
         浄化系(人間)
        回生系(自然)

         浄化系(自然)
```

1.0＝活動に要する資源量
0.8＝回生する資源量
3.4＝回生・浄化に要する資源量＝回生・浄化より発する廃棄量

再利用の割合を80％以上にしようとすると，必要な資源投入量は100倍程度になる。[156]

　同じことを逆から言い直せば次のことだ。80％の廃棄物をリサイクルする循環型社会を，資源投入と最終的な廃棄を増やさずに実現しようとするならば，オモテの経済活動における資源投入はワンウェイ社会の3分の1以下にまで削減されなければならない。そんなことをするくらいなら，ワンウェイ社会のほうがよいではないか。ワンウェイ社会ならば，資源投入も最終的な廃棄も循環型社会と同じのまま，循環型社会の3倍以上の資源を利用できるのだから。

　もちろんこれは一つの試算でしかない。循環型社会の実現は長い年月をかけて，さまざまな問題点を克服しながら達成されるべき長期的な目標だ。〈もったいない〉ことをしたくないという伝統的価値意識や，人々の生活改善への意欲が意義深いことは疑いない。ここで繰り返し確認しておきたいのは，このようにして，現代，危険のリスク化が，さらに危険を呼び込み得ること，そして，このようにして，環境思想がかつてない水準での錬成を要求されていることである。

5　その他の諸課題

　ここまで言及した以外にも，現代の日本には多くの課題が指摘されている。ここでは，簡潔に列挙するにとどめる。

　人口と再生産については，少子化，高齢化の行方が，主に今後の産業競争力と社会保障諸制度に与える影響の観点から課題視されている。

　国家財政については，年間GDPの約2倍という規模に達してしまった公的負債をいかにして克服するかが課題となっている。2010年代初頭までに国家財政のプライマリ・バランスを黒字化することが目標とされているが，目下，毎年30兆円前後の赤字国債が新たに発行されている。

　政治制度については，同一政党による政権の長期担当が，政官民の癒着や

---

156) 図は，武田『リサイクル幻想』文春新書，2000年，127頁を修整のうえ転載。

不効率をまねいているとして問題視されている。また，中央政府の権限の巨大さも課題視され，地方自治体への権限移譲が進められている。

　産業については，中国をはじめとする新興工業諸国が躍進を遂げるなか，国内製造業の空洞化や技術流出が問題視されている。また，石油に依存しないエネルギー供給体制の形成が模索されている。

　社会生活をめぐっても，活発な問題提起と議論がなされている。犯罪検挙率の低下と犯罪被害者保護のあり方，公教育の画一性や暗記偏重の性質，あるいはそれを克服するために推進された〈ゆとり教育〉の功罪が問われている。地縁・血縁の絆がさらに脆弱化するなか，家庭内における虐待や，独居者の孤独死などが課題視されている。コンピュータネットワークが普及するなかで，個人情報保護のあり方や，国家機密，企業機密の管理が懸案となっている

6　おわりに

　以上，近代化と産業化，そしてそれに伴う人々の畏怖のさまざまな現れを概観してきた。読者はどんな感想を抱くだろうか。

　400年にわたる近代化と産業化の過程のなかで，あんがい社会の変化が激しくないという感想を抱いたとすれば，本書はまずまず成功である。変わりにくかった水準と，激しく移り変わってきた諸水準とが，たがいに関係しながら歴史を織りなしてきたイメージが抱けたならば，本書は大成功である。そういう読者は，本書中に言及したものをはじめ，さらに他の諸文献を読み進めてほしい。

　一方，あまりにも膨大で多様な出来事がただ目の前を猛スピードで通り過ぎただけだという感想を持つ人もいると思う。そういう読者には，申し訳ないが，もう一度読むことを勧める。読み返すごとにそのような感覚はきっと小さくなり，バラバラに見えた出来事群の相関が見えてくるはずだ。そうなったなら，たぶんあなたも社会学の大枠を会得したことになると思う。他の社会学者が認めなくても，私はそう認める。

〈自由にして平等〉な人々の自発的協働という社会構成の基軸，その基軸にいちおう適合的な二大フォーマットは，動揺することこそあれ，全面的に放棄されるまでには至らず，さまざまなスキームに支えられながら，何とかこんにちまで持ちこたえてきた。これが，最後に確認しておきたい最重要の事実である。
　このことは，翻って次のことも意味するだろう。今後，私たちの社会に訪れうる極大の変化があるとすれば，それは，この基軸が人々に打ち捨てられる時である。それに次ぐ大きな変化があり得るとすれば，それは，二大フォーマットが人々に打ち捨てられる時である。この程度の大きな畏怖を想定しておけば，数年単位で生起するマイナーな諸変化に，いちいち右往左往させられずにすむだろう。

付　録　出来事としての社会　宋代の用例より[157]

デモ行進

1　社会がわからない

　現代は，社会がわからなくなった時代である。そのことを最もはっきり表現していると思われるのは，管見する限りではマイケル・マンである。

> 19世紀後半から20世紀初期にかけての国民国家が人間科学に対して暗黙のうちにふるった巨大な影響力とは，国民国家モデルが社会学……で優位に立ったことを意味している。……たしかに，現代の社会学者……のなかには，国民国家モデルを拒絶している人びとがいる。その人びとは資本主義，あるいは工業化を主軸のコンセプトに用いて，「社会」とは国家を超えた経済関係のことだと考えている。……「社会」の単一の支配的な概念は存在しないし，「社会」の基本的な単位というものも存在しない。……私としては，もしできることなら「社会」という概念そのものを廃棄してしまいたい。[158]

---

157) この論文の基本的な着想は，第45回日本社会学史学会大会（2005年6月，熊本学園大学）での報告「何が社会と呼ばれていたか——宋・明代中国における用例から」，および第78回日本社会学会大会（2005年10月，法政大学）での報告「漢語の社会——社会概念の再検討のために」において提示された。

158) Mann, *The Sources of Social Power, Volume 1*, Cambridge University Press, 1986, p.2.

マンの腰を支えながら言い直せば，次のことだろう。20世紀の社会学者の多くは，規約主義的な社会の概念（典型的には形式社会学的な概念。つまり様式化された人間関係ならば何であれ社会と呼ぶ）を支持してきた。しかし実質的には，明に暗に，近代的主権国家を社会の主要な単位とみなしてきた。それを批判する人々は，主権国家の境界を超えて展開する産業資本制市場社会を社会の主要な単位とみなしてきた。

この二つの立場のあいだには，容易には架橋しがたい溝がある——だから本書は，これを二大フォーマットと呼び，両者の関係については必ずしも詳しく論じなかった——。また，かりに架橋できたとしても，それで済むわけではない。なぜなら，多くの人が社会という語をあきらめずに用い続けるのは，結局，社会という語に，二大フォーマットには回収し切れない意味をこめたいからなのだ。しかし，それがなかなか明確なイメージを結ばなくなったのが現代である。

19世紀には賃労働者・群衆があった。二大フォーマットの展開過程で生み出されながらも，未だ二大フォーマットに回収されざる社会の鮮烈なイメージである。20世紀には新中間層・大衆があった。この大衆は，国民化と消費化の進展とともに見いだされ，例えば日本では，〈一億総○○〉や〈巨人・大鵬・卵焼き〉といった言い回しに代表的な表現をみた。しかし現代，消費化の極度の洗練のなか，大衆は〈個性的な消費者〉もしくは〈無党派層〉へと分解している。

こうした状況認識が共有できるとして，恐らく多くの社会学者は社会概念の廃棄よりも，再建を望むだろう。マン自身もこの道を選んだ。いわく，

　　社会とは，社会的相互作用のネットワークであり，その境界線にはそれ自身とその環境とのあいだに或るレベルの相互作用の溝がある。[159]

ここで，社会的相互作用のネットワークとは，

　　複合的に折り重なり交差する……力〔その源泉は観念的，経済的，軍事的，政治的の，4つの諸関係〕のネットワークである。[160]

私は，こうした社会の新しい概念の提案を批判しようとは思わない。この

---

159) Mann, ibid., p.13.
160) Mann, ibid., p.1.〔　〕内引用者。

ような試みは重要だと考える。しかし同じ状況認識から，別の仕方で社会概念について検討してみることも可能だし，必要だと思っている。この付録論文では〈社会とは何か〉と問うのではなく，〈何が社会と呼ばれていたか〉と問い，答えを模索してみよう。

本論文では，特に，社会という語が，宋代の漢語において何を意味していたかを検討する。古すぎると思われるかも知れないが，現代における社会の新しい概念の提案がどの程度実りあるものとなるかは，結局，捉えたい変化をどの程度深い歴史的射程をもって観察できるかに懸かっているのだ。

2 〈社〉での〈会〉 農耕儀礼

社会という漢語・日本語は「社」と「会」から成る。曽我部静雄が指摘するように，「社」は元来，土神を意味したと思われる。「会」はむろん複数の人の集いを意味する。ゆえに，文字どおりに解すると，社会は〈土神を祀る集い〉ということになる。[161]

有賀長雄を踏襲して，今井政吉，林恵海，秋元律郎などが指摘してきたように，[162] 社会という語の典拠として社会学者に最もよく知られているのは，朱熹と呂東莱の撰による『近思録』(1176年) 巻九「法治類（制度）」に現れる次のくだりである。

> 程明道先生行状云。先生為澤州晋城令。以事至邑者。必告之以孝悌忠信。入所以事父兄。出所以事長上。度郷村遠近為伍保。使之力役相助。患難相恤。而姦偽無所容。凡孤煢残廃者。責之親戚郷党。使無失所。行旅出於其途者。疾病皆有所養。諸郷皆有校。暇時親至。召父老與之語。兒童所讀書。親為正句讀。教者不善。則為易置。擇子弟之秀者。聚而教之。郷民為社會。為立科條。旌別善悪。使有勸有恥。

大意は次のようだ。程明道（1032-1085年）が知事として澤州晋城（現在の山西省晋城）に任じた際のこと。晋城周辺の村々の者が用事で来訪すると，必

---

161) 曽我部，「社会という語の意味」，『文化』（東北大学文学部），26巻1号，1962年，28-42頁。
162) 有賀，『社会進化論』牧野書房，1887年。今井・林，『東京大学文学部社会学科沿革七十五年概観』私家本（非売品），1954年。下出，『下出隼吉遺稿』下出民義発行（非売品），1932年。秋元，『日本社会学史』早大出版部，1979年。

ず父兄への孝行と主君への忠誠を説いた。郷村では隣組を作り，難事にあたっては助け合うよう説いた。郷には学校を置くよう説いた。暇な折りには自ら学校へ出向き，父老たちと共に児童に話をした。児童の読書には自ら正しい読み方を教えた。郷民が社会するにあたっては，そのための規則を作り，善悪の分別を明らかにし，言動の慎みを知るよう勧めた。

〈土神を祀る集い〉としての社会は，人々が特別な規則，善悪観念，言動の慎みをもっておこなうべき何かだった。社会は，〈ゲマインシャフト〉や〈環節社会〉，〈村落共同体〉のような，集落の空間的表象そのものではなかった。そのような日常とは異なる，特別の規範を必要とする，非日常的なイヴェント（出来事）を意味していた。

曽我部は社会という成句の初出と思われる用例として，『近思録』より200年以上遡る『旧唐書』（945年）の次のくだりの存在を指摘している。

　　千秋節，休仮三日，及村閭社会，並就千秋節，先賽白帝，報田祖，然後坐飲散之。

つまり，千秋節には三日休み，村里では社会する。千秋節には白帝（秋を象徴する神話的天帝）を祀り，田祖に報いた後，座って飲み食いして終える。

楽しげな祭祀の情景である。この社会は，小集落の人々が日常を一時離れ，収穫を祝う秋祭である。『近思録』が述べるのがこの類の社会と本質的に同質だとすると，程明道がその規範を言うのは，浮かれた者が羽目を外すことへの戒め程度の意味だったと思われる。

3　広域化・階層化する社会　威信の誇示

しかし宋代，交易圏が拡大し，集落内・集落間，血族内・血族間における階層分化が進行するとともに，人々の暮らしは大きく変質したようだ。その変質は宗教施設とそこでおこなわれる行事としての社会のありかたにも映り込んでいる。それまできわめて自律的に存在していた諸集落の社が階層序列的に関係づけられるようになり，その祭祀も合同でおこなわれるようになっ

ていったのである。[163]

　『近思録』に若干先立つ北宋政和年間（1111-1117年），広陵（現在の江蘇省揚州）に任じた李元弼の手になる『作邑自箴』巻六「勧諭民庶牓」には，『旧唐書』の牧歌的な社会の記述とはかなり異なる，次の記述がみえる。

　　民間多作社会，俗謂之保田蚕，人口求福禳災而已，或更率斂銭物，造作器用之類，献送寺廟，動是月十日，有妨経営，其間貧下人戸，多是典剥取債。

　つまり，人々のあいだで多く社会がおこなわれている。これは俗に保田蚕（田畑と蚕の豊饒を祈念する祭祀）と呼ばれる。これによって福を求め災を避けると言うのだが，金品を集め，祭具を作り寺廟に献じ，多くの日数を費やすから，普段の仕事に差し支え，その間戸々に窮乏を強いる。これは有害無益だ。

　ほんらい人々の幸福のためにあった〈土神を祀る集い〉が，人々の生活資料を強力に吸引し，窮乏を強いるまでに至った。それは貧富差が拡大し，富強を誇る宗族が形成されていった時代の趨勢と表裏一体と思われる。社会は，そのような宗族たちが一同に会し，威信を誇示し覇を競い合うための場となっていったと考えられる。

　財の動員力を誇示し合うことによって人間関係を階層序列的に規制し，そのなかでの自らの地位を維持したり，上昇させようとする営みは，べつだん宋代中国にのみ見られる現象ではない。例えば日本各地の祭祀にしばしば強飯（ごうはん）が伴ったことはよく知られている。北米太平洋岸のインディアンにおけるポトラッチの儀礼にも同様のことが言えるだろう。

　かくして〈土神を祀る集い〉としての社会は，自律的な村落内において，見知った人々同士で営む祭祀ではなく，諸村落から見知らぬ人々が集い営む祭祀となった。社会は，同質な人々が，自らの単一の世界観を確認し強化するためのイヴェントではなく，異質な人々が一同に会するなか，大なり小なり異なる複数の世界観が衝突し，競合し，葛藤し，和解し，或いは統合されるイヴェントとなった。『近思録』がこの社会を意味していたのだとすると，社会のための規則制定や言動の慎みを求めることも，『旧唐書』の牧歌的な

163）金井徳幸，『宋代の社会と宗教』，汲古書院，1985年，98-99頁。

社会におけるのとはかなり異なる，強度の緊張を伴う意味を持ったことだろう。

4　機能の拡大　武装と広報

　南宋期に入ると，社会に関する記述には，こうした新興宗族たちが王朝および官にとって無視できないほどの力として認識され始めたことをはっきり示すものもあらわれる。南宋乾道9（1273）年，江南西路堤点刑獄司に任じた黄震（1213-1280年）の手になる『黄氏日抄』巻七十四には「申諸司乞禁社会状」，つまり社会を禁じるよう諸官に求める通達が収録されている。

　それによれば，「本軍有祠山，春会四方畢集，市井雖頼之，稍康風俗」。すなわち，本軍（黄震の管区）にある祠山廟では，春会には四方から人々が集い，都市の人々さえこれに集い，その風俗はほぼ健全だ。この祠山廟あるいは隣接する方山廟は，安吉（現在の浙江省安吉）から宜興（現在の江蘇省宜興）までの広い範囲（安吉から宜興までは約90km）から720余にものぼる保（1保は5〜10家）を傘下に収め，社会をおこなっていた。

　おおむね健全な祠山廟における社会ではあるが，しかし風俗を乱す行いが見られるとして，黄震は次の3項を挙げ，その社会の禁止を諸官に通達している。第1に「埋蔵祭以太牢，夫太牢者天子所用饗帝」，つまり天子が用いるような太牢（牛，豚，羊を用いた豪華な供物）を埋蔵祭に用いること。第2に「神迎以兵器，夫兵器者国家所用禦敵」，つまり国防に用いるべき兵器を迎神に用いること。第3に「罪案迎以囚帽枷索，夫囚帽枷索者獄戸所以，械繋辟囚」，つまり囚人を拘束するのに官が用いるべき囚帽枷索を容疑者に用いること。

　第1項の，社会における奢侈への懸念は，李元弼『作邑自箴』の証言と符合するものと見てよかろう。しかし，第2項と第3項は明らかに異なる。これらは，郷民たちの奢侈ではなく，人々が武装し，私刑をおこなうことへの懸念をあらわしている。金井によれば，武具・刑具の使用は，当時社会の周

辺に一般にみられた習俗だった。[164]

　しかも第3項が指摘するところによれば，社会は，農耕儀礼を明らかに超え，また諸村落，諸宗族の威信誇示の場であることをも超えて，拘束した罪人を周知化し，断罪する場としても機能していたのである。王朝の官の末端で刑獄を司る黄震にとっては，自らの力を表現するための道具である武具・刑具が，自らの役職をあたかも肩代わりするかのように，郷民の社会において使用されることは，とうてい容認できない，というわけである。

　それだけではない。事態は更に深刻であって，どうやら当時祠山の社会における村落，宗族の越権行為は，刑獄に関することのみに限られていたわけではなかったようなのだ。「社首之輪流皆出民情之願欲，未聞有迫於官差者也，今此祠山歳差会首，同於差役」，つまり社会を仕切る社首は民情から出るべきものであって，官差（小役人）に似た社首など未聞だが，今この祠山の社首は差役と区別がつかない。

　これを「方山則広徳県管下七百二十余保，各用一牛，歳用七百二十余牛，方山既毎保用牛，而毎保之社廟又各用牛」，つまり広徳県下の720あまりの保は，年一牛ずつを税として納めるほか，方山廟にも一牛，また各保の社廟にも一牛を納めているという記述と併せて捉え，金井が言うように，方山社首による牛の徴収が公的な組織の上にのってなされた[165] ものと解釈すると，この祠山の社首はまさにほとんど県幹部に匹敵する存在となっていたと考えざるを得ない。そうだからこそ黄震は，社会における武具・刑具の使用だけではなく，社会そのものの禁止の必要性を訴えたのだろう。

　もう一つ，明代まで下るが，万暦12（1584）年，徽洲（現在の安徽省黄山周辺）の呉子玉が編纂した『茗洲呉氏家記』の巻十，「社会記」が興味深い事実を伝えている。

　この，138年間に渡り呉氏が経験した出来事をまとめた年表が「社会記」と題されたのは，これが，年に2回，春と秋におこなわれる年中行事である社祭において帳面に書き留められた記録をもとに編纂されたためだ。しかし中島楽章によれば，その帳面は社祭にかんする事柄だけをもっぱら記録した

---

164) 金井，前掲書，100頁。
165) 金井，前掲書，101頁。

だけではなく,「中央・地方の大事件,さまざまな宗族活動,族人の仕進や任官,里甲役や税役の負担,米価動向などの豊富な内容を含」み,「なかでも周辺の村落の他族との紛争や訴訟の記事が少なくない」。[166] 呉氏一同が漏れなく集う社祭の場を利用して,誰もが知るべき事項が説明され,議論され,記録されたものと考えられる。

　中島の整理によれば,「社会記」には成化23（1487）年から万暦7（1579）年に至る92年間にわたる,呉氏と周辺村落の他族とのあいだに起こった紛争が32件記録されている。そのうち,際立って多いのは墳墓をめぐる紛争（13件）だった。[167] 呉氏は本拠である茗洲村だけでなく,周辺の諸地域にも墳墓を所有するに至っていた。最も多く紛争の種となったのは,墳墓周辺の他族による,墓林の伐採だった。同じ宗族とのあいだに,同じ林をめぐる紛争が繰り返されることも多く,本質的には民事的であるはずのこの種の紛争が,時に双方多人数で武装しての乱闘に発展し,死者を出すこともあった。

　紛争の収拾について見ると,32件の紛争のうち25件は県と府,つまり明朝の地方官へと提訴され,決着している。当事者同士の話し合いや,非当事者の仲裁による和解という形で収拾されたのは,わずか7件である。このことから,当時の社会が,必ずしも村落間,宗族間の紛争を処理するような実質的な機能は持っていなかったことが分かる。しかしこの社会が村落間,宗族間の紛争を周知化し,議論する場としての機能を持っていたのは確実だろう。

5　まとめと展望

　以上概観してきたことをまとめれば,次のとおりである。漢語の社会は元来,〈土神を祀る集い〉だった。この社会は宋代に大きく成長するとともに別の機能を加えていった。集落を単位とした農耕儀礼に過ぎなかった社会は,複数集落間で階層序列的に統合され,大宗族が威信を誇示し合う,私刑のスペクタクルを伴う,広域の情報が交換される,政治・経済・軍事・文化の,全ての側面を含む,巨大なイヴェントとなっていった。

---

166) 中島,『明代郷村の紛争と秩序』汲古書院,2002年,185頁。
167) 中島,同書,180-213頁。

この社会概念が現代に持つ意義はかなり大きいと思われる。
　この社会は非日常的な出来事を意味する。社会と社会でないものを分ける裁断線は，日常と非日常のあいだにある。或る社会と別の社会を分ける裁断線は，出来事を可能にする神体のちがいにある。我々は，祀るべき神体を持ち，人々がそれに報いるため，日常からいったん切れて一同会する出来事を指して，社会と呼ぶことができるのである。
　この社会概念は，まず，従来の社会諸概念にあった抽象性の弊と，二大フォーマットとの安易な同一視の弊を同時にクリアしている。形式社会学が言うような〈様式化した人間関係を全て社会と呼ぶ〉ほど漠としていない（なぜなら社会は個々具体的な出来事である）し，マンが批判するような〈社会は国家である〉や〈社会とは経済関係である〉ほど狭くもない（出来事としての社会は多種多様な条件から，さまざまな規模において可能である）。ただし，むろん，出来事としての社会は，二大フォーマットおよびそれを支えるスキーム群，そして群小の模倣パターン群から成る日常的諸条件があってこそ可能になるのは言うまでもない。
　第２に，この社会は，群衆や大衆のような，二大フォーマットからの残余でもない。ただし，19世紀においては群衆が，20世紀においては大衆が，出来事としての社会を引き起こす主要な担い手であったと言うのは正しいだろう。19世紀の労働諸運動は，出来事としての社会だった。20世紀の60年代に特に活性化した反戦運動や消費者運動，公民権運動や学生運動もやはり，出来事としての社会だった。そこには，日常から切れることがもたらす高揚，集う人々にとって魅力的な神体を形成する知的な模索，経済的利益への思惑，見知らぬ人々との出会いへの素朴な期待などが渦巻いている。
　その時その時，集いの根拠となる神体を形成し，多種多様な人々がそれに報いるため，日常を構成する家族や地域集団，職場や国籍，階層やジェンダーなどからいったん切れ，瞬間的に凝集してはたちまち霧消してゆくネットワークこそが社会である。ゆえに，私たちは，例えば次のように言うことができる。デモ行進やコンサート，暴動における人々の集いは社会である。ネット心中の集いは社会である。フラッシュ・モブは社会である。先進国首脳会議や，その会場を取り巻くさまざまな市民団体の集いは社会である。これ

ら，周縁的とみなされてきた諸事実こそが，いまや，社会の核心である。

　それだけではない。私たちは，次のように言うことすらできる。二大フォーマットの複合体としての近代社会は，それ自体が，〈自由〉と〈平等〉の観念を神体とする，きわめて大規模で持続力のある祝祭・出来事である。そこでは，元来人々にとって非＝日常的で特異だった市場的営為と国家的営為が，日常化し，普遍化している。異質な者との出会いへの期待と気後れが渦巻くなか，人々は互いに押し合いへし合いしつつ，対立や和解のドラマを繰り広げている。そうならば，現代社会にとって最大の課題とは何だろうか。それは，この祝祭に本当に終わりがないのかどうか，だろう。そして，かりに——かりに，である——この祝祭に終わりがあるとして，晴れやかな気持ちと心地よい疲労感を抱きながら歩むべき家路が，人々に残されているのかどうか，だろう。

あとがき

　忘れられない光景がある。

　大西洋からのぼる朝日に染まる，赤茶けた急峻な崖。そこに，ちいさな，黒々とした，影の行列が，蛇行しながら，途切れることなく，上へ，上へとうごめいている。

　これを見たのは1991年8月，ある早朝のリオデジャネイロだった。旅の興奮と緊張でよく眠れなかった私は，リオの中心街から少し外れたホテルの窓から，数キロを隔てて，この光景を眺めていた。

　1ヵ月の旅のなかには，きっと，もっと楽しい経験もあったはずだ。しかし私の記憶に深く刻まれることとなったのは，この不思議な光景だった。

　いまでも時おり反芻しては，この光景の意味に思いをめぐらせる。赤色がもたらす生命の躍動と，黒色が刻印する絶望。一方向へとむかう，ゆっくりと整然とした流れは，巡礼の非日常的な厳粛さを帯びているようでも，飽いた日常の憂鬱をしめしているようでもある。

　私は小さな黒い影の一つひとつと対話を試みる。もちろん応答は返ってこない。彼らは黙りこくっている。表情もみせない。ひたすら上へ向かって歩んでゆくだけだ。しかし，それでも私はこの記憶を反芻するのをやめにしようとは思わない。反芻するうちに，私の想像の働きが無数のストーリーを紡ぎ出してしまうことも，無意味とは思わない。

　なぜか。これは私の経験であると当時に，彼ら一人ひとりの経験でもあるからだ。しかも，この関係を繋ぎ止めることができるのは，いまのところ私しかいない。いつかこの試みが，新たな出会いをもたらす日が来ることを，私は畏怖している。

　本書の執筆にあたっては，1998年以降，私が担当する「社会学」「理論社会学特講」「社会学概論」「社会思想」「社会思想史」「大衆社会論」「日本文化論」「政治社会学」「社会心理学」および演習諸科目を受講した学生諸君が

寄せてくれた率直な質問や感想が大いに参考になった。また，本書の刊行は，法政大学社会学部の徳安彰氏と佐藤成基氏の勧めがなければ成らなかった。感謝したい。桑沢デザイン研究所の御手洗陽氏は，本書のタイトルについて有益な意見を寄せて下さった。法政大学出版局の平川俊彦氏は，本書の出版を快諾して下さっただけでなく，概説書であっても研究関心と切り離すべきでないと励まして下さった。同編集担当の秋田公士氏は，煩雑をいとわず私の様々なわがままを聞き入れて下さった。感謝したい。

　小学校以来の旧友，東京医科歯科大学の廣瀬哲郎氏には，特別の感謝を表したい。2001年9月，ニューヨーク出張中，同時多発テロ事件によって帰国できなくなってしまった私を，氏はコネティカットの自宅に招いて下さった。本書の最初の一歩となったのは，コネティカットで過ごした1週間の，あの濃密な経験だった。

文献案内

本書のなかで言及したものにとどまらず，それぞれのテーマを，読みやすく包括的に論じているものを中心に，4，5点ずつ選んだ。

社会学入門
新睦人ほか『社会学のあゆみ』全2巻，有斐閣新書，1979・84年。
松田健『テキスト現代社会学』ミネルヴァ書房，2003年。
那須壽編『クロニクル社会学——人と理論の魅力を語る』有斐閣アルマ，1997年。
作田啓一ほか『命題コレクション社会学』筑摩書房，1986年。

近代世界の巨視的な動態
デイヴィッド・リースマン『孤独な群衆』加藤秀俊訳，みすず書房，1964年。
マイケル・マン『ソーシャル・パワー——社会的な〈力〉の世界歴史』全3巻，森本醇・君塚直隆訳，NTT出版，2002-2005年。
ウィリアム・マクニール『戦争の世界史』高橋均訳，刀水書房，2002年。
Paul Bairoch, "Internatinal Industrialization Levels from 1750 to 1980", *Journal of European Economic History*, vol.11, 1982.

国家と支配の近代化
トマス・ホッブズ『リヴァイアサン』水田洋・田中浩訳，河出書房新社，2005年。
マックス・ウェーバー『支配の社会学Ⅰ・Ⅱ』，世良晃志郎訳，創文社，1960-62年。
アンソニー・ギデンズ『国民国家と暴力』松尾精文・小幡正敏訳，而立書房，1999年。
左古輝人『秩序問題の解明』法政大学出版局，1998年。

資本制と産業化
アダム・スミス『諸国民の富』大内兵衛・松川七郎訳，全5巻，岩波文庫，1959-66年。
佐伯啓思『〈欲望〉と資本主義——終わりなき拡張の論理』講談社新書，1993年。
間宮陽介『市場社会の思想史』中公新書，1999年。
今村仁司『近代の労働観』岩波新書，1998年。
ピーター・マサイアス『改訂新版 最初の工業国家——イギリス経済史1700-1914年』小松芳喬監訳，日本評論社，1988年。

群衆，大衆，国民
ギュスターヴ・ル・ボン『群衆心理』櫻井成夫訳，講談社学術文庫，1993年。
スチュアート・ユーウェン『PR！——世論操作の社会史』平野・左古・挟本訳，法政大学出版局，2003年。

南博『日本人論 明治から現在まで』岩波書店，1994年。
青木保『日本文化論の変容』中央公論新社，1999年。

　20世紀アメリカ
鈴木直次『アメリカ産業社会の盛衰』岩波新書，1995年。
ダニエル・ブアスティン『アメリカ人——大量消費社会の生活と文化』新井健三郎・木原武一訳，上下巻，河出書房新社，1992年。
デイヴィッド・ハルバースタム『ザ・フィフティーズ』全3巻，金子宣子訳，新潮文庫，2002年。
高木和義『パーソンズとアメリカ知識社会』岩波書店，1992年。

　消費化と問題提起
ジャン・ボードリヤール『消費社会の神話と構造』今村仁司・塚原史訳，紀伊國屋書店，1995年。
ジョン・ガルブレイス『ゆたかな社会』鈴木哲太郎訳，岩波同時代ライブラリー，1990年。
レイチェル・カーソン『沈黙の春』青樹簗一訳，新潮文庫，1974年。
薬師院仁志『地球温暖化論への挑戦』八千代出版，2002年。

　家族と女性
森岡清美・望月嵩『新しい家族社会学』培風館，1983年。
落合恵美子『21世紀家族へ』有斐閣選書，2004年。
山田昌弘『近代家族のゆくえ』新曜社，1994年。
ベティ・フリーダン『新しい女性の創造』三浦冨美子訳，大和書房，2004年。

　現代の国家と国家間関係
フランツ・ノイマン『ビヒモス』岡本・小野・加藤訳，みすず書房，1963年。
アントニオ・ネグリとマイケル・ハート『帝国』水嶋・酒井・浜・吉田訳，以文社，2003年。
スーザン・ストレンジ『国家の退場』桜井公人訳，岩波書店，1998年。
ウルリヒ・ベック『危険社会——新しい近代への道』東廉・伊藤美登里訳，法政大学出版局，1998年。

　社会とは何か
下出隼吉『下出隼吉遺稿』下出民義発行（非売品），1932年。
曽我部静雄「社会という語の意味」，『文化』（東北大学文学部），26巻1号，1962年。
盛山和夫「構想としての探究——理論社会学の再生」，盛山・土場・野宮・織田編『〈社会〉への知／現代社会学の理論と方法（上）』勁草書房，2005年。
アントニオ・ネグリとマイケル・ハート『マルチチュード』幾島幸子訳，日本放送出版協会，2005年。

図版出典一覧

第1章　ドーミエ「三等客車」
　　　<http://commons.wikimedia.org/wiki/Image:Honor%C3%A9_Daumier_001.jpg>
第2章　ドラロシュ「クロムウェルとチャールズ一世」
　　　<http://commons.wikimedia.org/wiki/Image:DelarocheCromwell.jpg>
第3章　産業革命をもたらした蒸気機関
　　　<http://commons.wikimedia.org/wiki/Image:Dampfmaschine_Deutsches_Museum.jpg>
第4章　明治時代の小学校
　　　「開化諸官省教訓雙六」（部分。明治10年代）。小泉和子『家具と室内意匠の文化史』（法政大学出版局）より。
第5章　第一次大戦時のポスター
　　　<http://commons.wikimedia.org/wiki/Image:%27Destroy_this_mad_brute%27_WWI_propaganda_poster_%28US_version%29.jpg>
第6章　T型フォード
　　　磯田浩『火と人間』（法政大学出版局）より
第7章　群衆の中のヒトラー
　　　<http://commons.wikimedia.org/wiki/Image:Hitler_in_the_crowd.jpg>
第8章　ナイロンストッキングの広告
　　　H. M. McLuhan: *The Mechanical Bride*（Beacon, 1967），p.100 より
第9章　精子と卵子の結合
　　　<http://commons.wikimedia.org/wiki/Image:Sperm-egg.jpg>
第10章　地球温暖化の予測温度分布図
　　　<http://commons.wikimedia.org/wiki/Image:Global_Warming_Predictions_Map.jpg>
第11章　ラジオを活用したローズヴェルト
　　　S. ユーウェン／平野・挾本・左古訳『PR！』（法政大学出版局）より
第12章　炎上する世界貿易センター（2001.9.11）
　　　<http://commons.wikimedia.org/wiki/Image:National_Park_Service_9-11_Statue_of_Liberty_and_WTC_fire.jpg>
第13章　手術室の場景
　　　<http://commons.wikimedia.org/wiki/Image:Coronary_artery_bypass_surgery_Image_657C-PH.jpg>
第14章　明治時代の帝国議会
　　　『国民新聞』明治25年5月3日掲載の漫画。新村拓『健康の社会史』（法政大学出版局）より
付　録　デモ行進
　　　<http://commons.wikimedia.org/wiki/Image:S24_Mainstream_3.jpg>

著者略歴

左古輝人（さこ てるひと）
1968年　東京に生まれる．
1998年　法政大学大学院社会科学研究科社会学専攻博士後期課程修了，社会学博士（法政大学）．
現　在　首都大学東京都市教養学部人文・社会系准教授．
著訳書　『秩序問題の解明――恐慌における人間の立場』（法政大学出版局，1998年），*Japanese Family and Society: Words from Tongo Takebe, a Meiji Era Sociologist*（Co-edited with S. K. Steinmetz, New York: Haworth Press, 2007），『PR! ――世論操作の社会史』（S. ユーウェン著／共訳，法政大学出版局，2003年），『ジェンダーの系譜学』（J. ジャーモン著，法政大学出版局，2012年）ほか．

畏怖する近代――社会学入門

2006年9月25日　　初版第1刷発行
2013年4月5日　　　第2刷発行

著　者　左古輝人
発行所　財団法人　法政大学出版局
　　　　〒102-0071 東京都千代田区富士見 2-17-1
　　　　電話 03 (5214) 5540　振替 00160-6-95814
組版：アベル社　印刷：平文社　製本：根本製本
© 2006 Teruhito Sako
Printed in Japan

ISBN 978-4-588-67513-3

秩序問題の解明　恐慌における人間の立場
左古輝人著 …………………………………………………………2800円

社会システム論と自然　日本社会学史学会 2000年度奨励賞受賞
挾本佳代著 …………………………………………………………4300円

ヒト・社会のインターフェース
小林修一著 …………………………………………………………2500円

現代社会像の転生　マンハイムと中心性の解体
小林修一著 …………………………………………………………2200円

触発する社会学　現代日本の社会関係
田中義久編 …………………………………………………………3300円

PR！　世論操作の社会史
S. ユーウェン／平野秀秋・挾本佳代・左古輝人訳 …………………6900円

近代の観察
N. ルーマン／馬場靖雄訳 ……………………………………………2800円

社会の法　1・2
N. ルーマン／馬場靖雄・上村隆広・江口厚仁訳 ………（1）4400円／（2）4600円

社会の社会　1・2
N. ルーマン／馬場靖雄・他訳 …………………………（1）9000円／（2）9000円

社会の科学　1・2
N. ルーマン／徳安彰訳 …………………………………（1）4800円／（2）4800円

社会の芸術
N. ルーマン／馬場靖雄訳 ……………………………………………7800円

社会を越える社会学　移動・環境・シチズンシップ
J. アーリ／吉原直樹監訳 ……………………………………………5000円

場所を消費する
J. アーリ／吉原直樹・大澤善信監訳 …………………………………4800円

社会学とは何か　関係構造・ネットワーク形成・権力
N. エリアス／徳安彰訳 ………………………………………………2800円

危険社会　新しい近代への道
U. ベック／東廉・伊藤美登里訳 ……………………………………5000円

―――――――＊表示価格は税別です＊―――――――